킨포크 & 리버티 스타일

아이 옷,

메이드 바이 마미

킨포크 & 리버티 스타일

아이 옷,
메이드 바이 마미

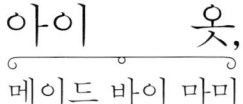

지은이 양세연
펴낸이 정규도
펴낸곳 황금시간

초판 1쇄 발행 2016년 5월 2일
초판 6쇄 발행 2023년 10월 10일

편집 박정효 권명희
디자인 디자인그룹올
사진 한정선
모델 이다연
패턴 양세연 **그레이딩** 한울CAD

황금시간
Golden Time

주소 경기도 파주시 문발로 211
전화 (02)736-2031(내선 291~298)
팩스 (02)732-2036

출판등록 제406-2007-00002호
공급처 ㈜다락원
구입문의 전화: (02)736-2031(내선 250~252)
　　　　　팩스: (02)732-2037

Copyright ⓒ 2016, 양세연

저자 및 출판사의 허락 없이 이 책의 일부 또는 전부를 무단 복제·전재·발췌할 수 없습니다.
구입 후 철회는 회사 내규에 부합하는 경우에 가능하므로 구입문의처에 문의하시기 바랍니다.
분실·파손 등에 따른 소비자 피해에 대해서는 공정거래위원회에서 고시한 소비자 분쟁 해결 기준에 따라 보상 가능합니다. 잘못된 책은 바꿔 드립니다.

ISBN 979-11-87100-28-7 13590

http://www.darakwon.co.kr
- 다락원 홈페이지를 통해 주문하시면 자세한 정보와 함께 다양한 혜택을 받으실 수 있습니다.
- 기타 문의사항은 황금시간 편집부로 연락 주십시오.

킨포크 & 리버티 스타일

아이 옷,
메이드 바이 마미

양세연 지음

황금시간

작가의 말

20년 전, 우연히 낡은 재봉틀 하나를 가지게 되었습니다.

그 후로 한참을 잊고 지낸 재봉틀은 아이가 태어나면서 먼지를 벗고 제구실을 시작했습니다.

어설프지만 내 손으로 직접 옷을 만들어 입힌다는 생각에, 시간 가는 줄 모르고 빠져들었습니다. 새로운 취미는, 경이롭지만 한편으로는 외로운 육아의 시간 속에 큰 즐거움이 됐습니다.

자연스럽게 주변 사람들과 바느질을 나누게 되고, 그들의 응원과 칭찬에 용기를 얻어, 작은 소잉 공방 '봉봉비'를 시작하게 되었습니다. 공방에서 만난 사람들과, 함께 만든 옷들과, 그 속에서 나눈 이야기는 제게 큰 행복이 되어주었습니다.

그래서 '제가 딸아이에게 만들어 준 옷들을 더 많은 사람들과 나누고 싶다. 언젠가는 가연이와 엄마의 추억이 담긴 옷 이야기를 책으로 엮어 딸에게 선물하고 싶다.'고 생각했었는데, 이렇게 꿈을 이룰 수 있게 되었습니다.

한 권의 책을 만들기까지 해야 할 일들이 무척 많아서, 1년을 꼬박 지나보냈습니다.

그 사이 아이는 또 한 뼘이 커버렸네요.
이제 책이 세상으로 나오고 나면, 가연이와 아무 생각 없이 신나게 놀면서 더 예쁜 옷들도 많이 만들고, 입히고 싶습니다.

엄마가 오랜 시간 가연이를 위해 만든 옷들이 책으로 소개되고, 이제 다른 아이들이 함께 입을 수 있는 옷이 된 것이 얼마나 큰 의미가 있는 일인지. 가연이가 자랑스러워할 수 있었으면 좋겠습니다. 항상 내 편이 되어준 가족들에게 감사합니다. 그동안 봉봉비와 즐거운 시간 함께 해주신 분들에게도 감사드립니다. 앞으로도 나와 내 가족이 입을 옷을 만들면서 행복한 그 시간을 많은 분들과 함께 나눌 수 있기를 바랍니다.

한 권의 책을 만들기 위해 많은 분들이 도움을 주고 함께 일해 주셨습니다.
기획부터 마무리까지, 초보 작가를 위해 궂은일을 도맡아 허주신 황금시간 출판사에 감사드립니다.

양세연

CONTENTS

DRESS
드레스

01
플랫 칼라 원피스
12 / 102

02
러플 원피스
14 / 106

03
앞치마 원피스
18 / 110

04
티셔츠 원피스
20 / 112

05
리본 원피스
22 / 116

06
한복 원피스
24 / 120

TOP & OUTER
상의

07 리넨 셔츠

30 / 124

08 큐트 블라우스

32 / 128

09 이지 티셔츠

34 / 132

10 프릴 블라우스

38 / 134

11 루즈핏 티셔츠

40 / 136

12 레이스 블라우스

42 / 138

13 칼라 조끼

44 / 140

14 후드 망토

46 / 144

15 더블 버튼 코트

48 / 148

16 칼라 양면 자켓

52 / 154

17 요정 자켓

54 / 158

PANTS & SKIRT
하의

18 샤 스커트

58 / 162

19 큐롯 팬츠

62 / 164

20 기본 스커트
64 / 166

22 베이직 팬츠

68 / 170

23 레깅스

70 / 172

21 고어 스커트
66 / 168

24 플레어 팬츠

72 / 174

PROPS
소품

25 고양이인형
76 / 178

26 고양이인형 원피스
77 / 180

27 패브릭 숨숨집
78 / 182

28 양면 에코백
80 / 186

29 리폼 실내화
82 / 188

BASIC
바느질의 기초

준비물 •86 | 실물 패턴 준비 •88 | 시접처리 •90 | 바이어스 •91 | 접착심지 •93
트임 부분 모서리 처리 •94 | 주름 잡기 •95 | 주머니 만들기 •96 | 장식 끈 만들기 •97
공그르기로 창구멍 막기 •98 | 단춧구멍 만들기 •99

HOW TO MAKE
만드는 방법
•100

DRESS

드레스

01
플랫 칼라 원피스
Flat Collar Dress

How To Make
102p

동그란 플랫 칼라가 단정한 분위기를 주는 원피스입니다.
치마에 풍성한 주름을 잡아서 멋을 더했어요.
자연스럽게 구겨지는 워싱 리넨 원단은 자연스럽고 편안한 느낌을 줍니다.

02
러플 원피스
Ruffle Dress

로맨틱한 꽃무늬 원단으로 만든 우아한 드레스입니다.
품이 넉넉하고 옷이 가벼워서 집에서 편안하게 입어도 좋고,
재킷이나 카디건을 걸쳐 외출복으로도 입을 수 있어요.

How To Make
106p

03
앞치마 원피스
Apron Style Dress

다른 옷 위에 레이어드하여 귀여운 느낌을 연출할 수 있어요.
요리를 하거나 미술 놀이를 할 때도 편하게 입을 수 있어,
패션 아이템뿐만 아니라 놀이용 앞치마로도 활용할 수 있답니다.

How To Make
110p

How To Make
112p

04
티셔츠 원피스
T-shirts Dress

티셔츠 패턴에 길이 변화만 주면 편하게 입을 수 있는 원피스로 변신시킬 수 있어요.
자투리 원단으로 리본을 만들어 더해주면 발랄한 포인트를 줄 수도 있어요.
예쁘면서도 실용적인 매력 만점의 옷이랍니다.

05
리본 원피스
Ribbon Dress

심플한 원피스에 탈착형 리본으로 매듭을 더한 마법 같은 원피스예요.
리본을 어깨에 묶거나 허리에 묶어서 서로 다른 느낌으로 연출할 수 있고,
리본을 떼면 베이직한 느낌을 낼 수도 있어 세 가지 변신이 가능해요.
리넨으로 만들어진 레이스 원단을 사용하여 내추럴하면서도 화려한 멋을 더했어요.

How To Make
116p

06
한복 원피스
Hanbok Dress

고전미 넘치는 한복을 현대적으로 변형하여
일상복으로 활용하고 있는 트렌드에 맞춰
고안한 옷이에요. 청해지 원단과
하얀색 면 원단이 어울려, 편안하면서도
단아한 느낌을 전하도록 했어요.

How To Make
120p

레이스 원단으로 귀여움을 더한 것도 이 옷만의 포인트예요.
특별한 날에도, 일상적인 날에도
함께할 수 있는 특별한 원피스랍니다.

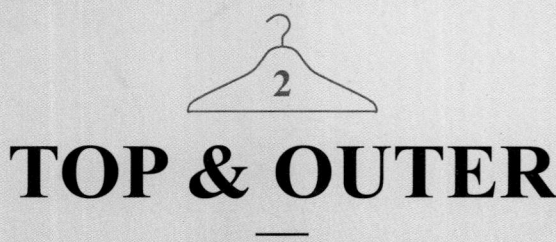

TOP & OUTER

상의

07
리넨 셔츠
Linen Shirt

How To Make
124p

리넨 원단으로 만든, 자연스러우면서도 고급스러운 셔츠예요.
바이오 워싱 처리된 원단은 부드러운 감촉을
느낄 수 있어 핸드메이드 옷 재료로 인기 있어요.
긴팔이지만 통기성이 좋아 여름에도 시원하게 입을 수 있고,
어떤 종류의 하의와도 잘 어울려서
즐겨 입게 되는 패션 아이템이에요.

08
큐트 블라우스
Cute Blouse

How To Make
128p

민소매형 블라우스로, 더운 날 블라우스 하나만 시원하게 입어도 좋고,
조금 쌀쌀한 날에는 티셔츠 위에 겹쳐 입어도 좋은 아이템입니다.
사선으로 여미는 뒷모습이 반전을 선물하는 옷이에요.
뒤트임에 리본을 더하면 또 다른 느낌으로 연출할 수 있어요.

09
이지 티셔츠
Easy T-shirts

가볍고 편하게 입을 수 있는 반팔 티셔츠입니다.
심플한 패턴으로 디자인하여 짧은 시간에 손쉽게 완성할 수 있어요.
다이마루 원단으로 움직임을 편하게 하고,
스트라이프 원단으로 경쾌하고 세련된 느낌을 더했습니다.

How To Make
132p

10
프릴 블라우스
Frill Blouse

How To Make
134p

러블리한 프릴 장식이 달린 옷은 여자아이만 누릴 수 있는 특권이에요.
모델이 입은 옷처럼 팔과 허리 모두에 프릴을 달아도 좋고,
둘 중 하나만 선택해도 우리 아이만의 사랑스러운 블라우스가 탄생할 거예요.
만들 때는 손이 더 가지만, 아이의 행복한 웃음이 그 시간을 큰 보람으로 채워줄 거예요.

How To Make
136p

11
루즈핏 티셔츠
Loose-fit T-shirt

몸판과 소매를 하나의 패턴으로 디자인하여,
만들기도 쉽고 활동하기도 편한 티셔츠로 만들었어요.
넉넉한 품에 옆트임을 넣어 재미있는 디테일을 더했습니다.
목 부분만 변형하면 터틀넥 티셔츠로 손쉽게 변신시킬 수 있어요.

12
레이스 블라우스
Lace Blouse

새하얀 레이스 원단으로 만든 옷은
깨끗하고 화사한 느낌으로 아이를 더욱 돋보이게 만들어요.
햇볕이 뜨거운 날에도 시원하게 입을 수 있도록
넉넉하고 풍성하게 만들었어요.

How To Make
138p

13
칼라 조끼
Collar Vest

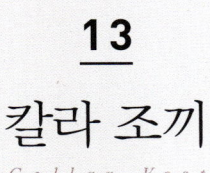

간절기에 겹쳐 입으면 보온성을 더해주면서도
귀여운 분위기를 연출할 수 있는 잇아이템이에요.
엉덩이를 살짝 덮는 넉넉한 길이로 포근함을 살리고,
칼라를 달아 특별함을 더했어요.
어떠한 평상복과도 잘 어울려 쉽게 코디할 수 있고,
한복 원피스와도 잘 어울려요.

How To Make
140p

14
후드 망토
Hood Cape

꼬마 마녀가 탐낼 만큼 사랑스러운
후드 망토예요. 소매 구분이 없는
망토와 달리, 넓은 소매와 주름 잡힌
뒷몸판으로 밑단을 넓어지도록
디자인하여 활동성을 높였어요.
모자 안감에 마녀와 항상 함께하는
고양이 무늬 원단을 넣어 사랑할 수밖에
없는 꼬마 마녀룩을 완성했어요.

How To Make
144p

15

더블 버튼 코트
Double-Breasted Coat

무거워 보일 수 있는 모직 코트에 둥근 칼라와
주름을 넣어 귀여움과 여성스러움을 더했어요.
추운 겨울, 엄마의 온기로 완성된 코트를 만들어 주세요.
몸에 꼭 맞는 엄마표 코트는, 우리 아이를 추위에도 끄떡없는
최고의 겨울 멋쟁이로 만들어 줄 거예요.

How To Make
148p

16
칼라 양면 자켓
Reversible Collar Jacket

How To Make
154p

양면으로 입을 수 있는 실용적인 패딩 재킷입니다.
3온스 솜이 누벼진 면 패딩 원단을 선택해 가볍고 따뜻하게 입을 수 있도록 했어요.
가시도트로 여밈을 처리하면 양면으로 입기에 더 효율적인 옷이 된답니다.

17
요정 자켓
Fairy Jacket

뾰족한 모자가 동화 속 요정 같은 모습을
만들어 주는 재미있는 옷이에요.
간절기에 편하게 겹쳐 입을 수 있도록 넉넉한 핏으로 고안했습니다.
양면을 서로 다른 느낌으로 연출할 수 있게
여밈도 다른 형태로 마무리했어요.

How To Make
158p

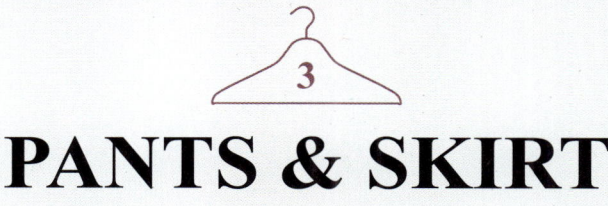

PANTS & SKIRT

하의

18
샤 스커트
Tulle Skirt

하늘하늘 사랑스러운 샤 스커트는 여자아이들이 가장 좋아하는 패션 아이템입니다.
샤 원단은 올이 풀리지 않기 때문에 만들기도 쉬워요.
모델이 입은 샤 스커트는 샤 원단 4겹을 사용하여 만들었어요.
더욱 풍성한 스커트를 원한다면 샤 원단을 6겹으로 겹쳐 만들어도 좋아요.

How To Make
162p

19
큐롯 팬츠
Culottes

스커트와 팬츠의 장점을 모두 가진 큐롯 팬츠는
예쁘고도 실용적인 아이템입니다.
스커트의 여성스러움도 살리고,
아이의 활동성을 높이기 위해
넉넉한 기장으로 디자인했어요.

How To Make
164p

20
기본 스커트
Basic Skirt

여자아이들을 위한 필수 아이템이자, 가장 쉽게 만들 수 있는 아이 옷입니다.
블라우스, 티셔츠, 점퍼 등 어떤 옷과 매칭하여 입어도 잘 어울려요.
사용하는 원단에 따라 다양한 느낌을 연출할 수 있어요.

How To Make
166p

How To Make
168p

21
고어 스커트
Gored Skirt

밑단이 풍성하게 펼쳐지는 여성스러운 아이템입니다.
여러 조각을 이어 완성하는 스커트로, 한 가지 천으로 풍성한 느낌만
살릴 수도 있고, 한 조각만 달리해 포인트를 줄 수도 있어요.
다른 옷을 만들고 남은 다양한 패턴의 조각 천을 이어 붙여서
빈티지한 멋을 내도 좋아요.

22
베이직 팬츠
Basic Pants

가장 기본이 되는 팬츠를 아이가 편하게 활동할 수 있도록
넉넉한 핏으로 만들었어요. 원단의 선택에 따라
편하게 입을 수 있는 평상복이 될 수도 있고,
특별한 패셔니스타로 변신할 수도 있습니다.

How To Make
170p

신축성 있는 원단으로 만드는 레깅스는
편하게 입을 수 있고 활동이 자유로워
움직임이 많은 아이들에게
꼭 필요한 아이템이에요.
다양한 색상으로 만들어 놓으면
티셔츠나 블라우스와 함께
여러 스타일을 코디할 수 있어요.

23
레깅스
Leggings

How To Make
172p

How To Make
174p

24
플레어 팬츠
Flare Pants

일명 나팔바지로 불리는 플레어 팬츠는
클래식한 매력으로 요즘 많은 사랑을 받고 있어요.
넉넉한 바지통에 밑단이 넓게 퍼진 플레어 팬츠는
활동하기에도 편하며, 아이를 더욱
귀엽고 세련된 모습으로 꾸며 줍니다.

4 PROPS
소품

25
고양이 인형
Cat Dolls

고양이를 좋아하는 딸을 위해 만든 인형입니다.
꼭 고양이가 아니더라도 아이가 좋아하는 강아지, 토끼,
공룡 형태의 인형을 만들어 보세요. 엄마의 손으로 직접 만들어 준다면
아이에게는 더 특별한 장난감이자 추억이 될 수 있을 거예요.

How To Make
178p

How To Make
180p

26
고양이 인형 원피스
Cat Doll's Dress

아이 옷을 만들고 남은 자투리 원단은 버리지 말고
인형 옷을 만들어 주세요. 자신의 옷과 똑같은 옷을 입은
고양이 인형을 보면 정말 많이 기뻐할 거예요.

How To Make
182p

27
패브릭 숨숨집
Fabric Hiding House

아이들은 숨바꼭질을 좋아하고 자신의 작은 몸을 숨길 수 있는
아늑한 공간을 찾아다니며 놀이해요. 아이에게 상상 속의 집을 그리게 해 보세요.
그리고 엄마의 바느질로 그 집을 완성한다면 아이들이 상상의 나래를
펼칠 수 있는 멋진 공간이 탄생할 수 있어요.
패브릭 숨숨집은 설치와 이동이 간편합니다. 2층 침대나 책상 밑에 걸어 공간을 만들어도 좋고,
방문에 걸거나 벽에 걸어 인테리어로 활용해도 좋아요.

28
양면 에코백
Reversible Eco Bag

아이의 작은 장난감들을 정리하기에도 좋고,
외출할 때 소품을 담기에도 유용한 양면 에코백입니다.
옷을 만들고 남는 자투리 원단을 이용해서,
세상에 하나밖에 없는 엄마표 가방을 만들어 주세요.

How To Make
186p

29
리폼 실내화
Reformed Shoes

발끝까지 엄마표를 선물하고 싶다면 실내화를 리폼하여
우리 아이만을 위한 신발을 만들어 보세요. 아이와 함께 만들면 즐거움도,
성취감도 배가 될 거예요.

BASIC

바느질의 기초

준비물
Sewing Tools

- 그레이딩자(시접자)
- 아이언 시접자
- 곡선자(암홀자)
- 재단 가위
- 종이 가위
- 집게
- 문진
- 각종 실
- 바이어스 메이커
- 초자고
- 쪽가위
- 패브릭 풀
- 수성펜
- 시침핀과 핀쿠션
- 줄자
- 실뜯개
- 기화성펜
- 연필
- 송곳
- 초크

그레이딩자(시접자)
패턴의 직선을 긋거나, 시접을 그릴 때 사용한다. 얇아서 잘 구부러지기 때문에 곡선 패턴의 길이를 잴 때도 편리하게 사용할 수 있다.

아이언 시접자
밑단, 소맷단 등 시접을 접어서 다림질해야 할 때 편리하게 사용할 수 있으며, 모서리를 곡선 형태로 다림질하는 데도 유용하다.

재단 가위
원단을 자를 때 사용한다. 재단 가위로는 원단만 자르는 것이 좋다. 가윗날이 상할 수 있기 때문에 종이 등을 자르지 않도록 한다.

종이 가위
패턴을 그린 부직포나, 종이를 자를 때 사용한다. 원단을 자르는 가위와 패턴을 자르는 가위는 구분해서 사용하는 것이 좋다.

곡선자(암홀자)
S모드자, 물방울자 등을 통틀어 곡선자라고 부른다. 패턴의 진동, 목선 등 곡선 부분을 그릴 때 사용한다.

바이어스 메이커
바이어스를 직접 만들어 쓸 때 사용하는 도구로, 원단을 4등분 하여 바이어스 형태로 다림질할 때 사용한다.

초자고와 초크
초자고와 초크는 원단에 재봉선이나 맞춤점을 표시할 때 사용한다. 초자고는 왁스로 만든 초크로 다림질하면 선이 사라지며 부드럽게 그려진다는 장점이 있으나, 흰색이 유일하여 흰 원단에는 사용이 어렵다. 초크는 다양한 색상으로 판매되고 있어 밝은 색 원단에도 적당한 색을 골라서 사용하면 된다. 초크는 세탁 후에도 얼룩이 남을 수 있어 꼭 원단의 안쪽에 사용하도록 한다.

쪽가위
실밥을 정리하거나 실을 자를 때 사용한다.

패브릭 풀
시침핀을 사용하기 어려운 부분이나, 얇은 원단을 고정할 때 사용한다. 세탁하면 지워지지만 재봉선을 피해서 시접 안쪽에만 사용하는 것이 좋다.

집게
겨울 원단이나 시보리 등 시침핀을 꽂기 어려운 원단을 고정할 때 사용한다.

문진
패턴을 옮겨 그리거나 원단을 재단할 때 서로 밀리지 않게 고정하는 용도로 사용한다.

각종 실
40수 2합사, 30수 코아사, 투명사, 니트용 봉제사, 스판사, 자수실, 실크사 등 다양한 종류의 실은 재봉하는 원단의 종류와 만드는 옷의 특성에 맞게 선택하여 사용하는 것이 좋다.

줄자
신체 사이즈를 재는데 주로 사용한다. 패턴의 곡선 길이를 측정할 때에도 유용하게 쓸 수 있다.

실뜯개
잘못된 박음선을 뜯어내 수정해야 할 경우나 단춧구멍을 만들 때 사용한다.

송곳
주름을 잡아서 박음질할 때, 옷을 뒤집을 때, 모서리를 정리할 때 쓴다.

수성펜
물이 닿으면 사라지는 수성 잉크로 만든 펜으로, 재봉 후 세탁 시 저절로 지워지기 때문에 박음질하는 동안 사용하기 용이하다. 하지만 가끔 얼룩이 지워지지 않고 남는 경우도 있어 원단 안쪽에 조심스럽게 사용한다.

기화성펜
시간이 지나면 기화돼 사라지는 잉크로, 따로 지울 필요가 없어 편하다. 선을 그린 후 바로 재봉할 곳에 사용한다.

시침핀과 핀쿠션
시침핀은 박음질할 원단을 서로 고정하거나, 미리 잡은 주름을 고정할 때, 중심 등의 주요 부분을 표시할 때 꼭 필요한 도구다. 시침핀은 항상 핀쿠션에 꽂아서 사용한다.

연필
패턴을 직접 그리거나, 부직포에 옮겨 그릴 때 사용한다.

실물 패턴 준비

실물패턴지는 여러 사이즈가 한 장에 인쇄되어 있는 경우가 많다.
필요한 사이즈를 다른 곳에 옮겨 그려 사용해야 하는데,
이때 속이 비쳐 보이고 쉽게 찢어지지 않는 패턴용 부직포를 주로 사용한다.
패턴 위에 부직포를 올린 후, 문진으로 움직이지 않도록 고정하여
곡선자와 시접자 등을 이용하여 패턴을 따라 그린다.
여러 패턴이 복잡하게 인쇄되어 있는 경우에는 앞중심과 뒤중심, 가장 긴 직선을 먼저 그려
중심을 잡은 후 모서리를 따라가며 그리는 것이 편하다. 복잡하게 인쇄된 패턴을
옮겨 그릴 때는 패턴지에 색연필이나 형광펜 등으로 필요한 사이즈의 패턴을 따로 표시한 후 사용하는 것이 좋다.

1

실물패턴지에 패턴용 부직포를 적당한 크기로 잘라 올린 후, 필요한 패턴의 완성선을 따라 그린다.

2

재단배치도를 참고하여 완성선 바깥으로 시접을 그린다.

3

시접 바깥으로 여유분을 남기고 부직포를 대강 잘라낸다.

4

원단에 부직포를 올린 후, 완성선에 맞춰 시침핀을 꽂아 고정한다.
부직포에 그려진 시접선을 따라 원단과 부직포를 함께 잘라낸다.

TIP 완성선은 원단에 따로 그릴 필요 없이, 재봉틀 침판의 1cm 가이드라인에 원단 끝을 맞추어 재봉하면 완성선에 맞춰 박음질할 수 있다.

아이언 시접자 사용	맞춤점 표시하기
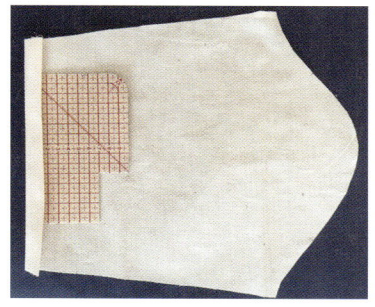	
밑단, 소맷단 등 시접을 접어서 다림질해야 할 때 아이언 시접자를 활용하여 미리 다려서 박음질하는 것이 좋다.	패턴을 옮겨 그릴 때는 소매산과 중심 등 패턴에 표시된 맞춤점을 반드시 표시해야 한다. 부직포에 옮긴 패턴을 원단에 옮길 때는 맞춤점이 되는 곳에 2~3mm의 가윗밥을 넣어두면 쉽게 확인할 수 있다.

실물패턴의 용어와 기호

패턴 용어

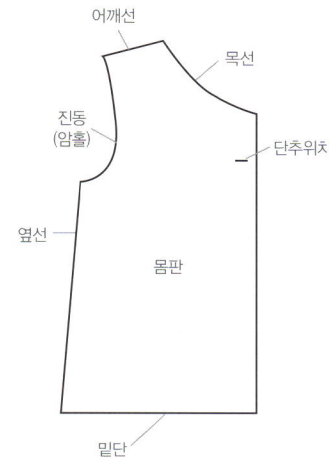 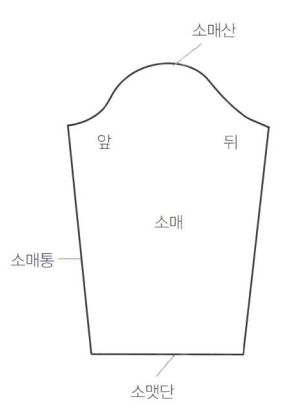 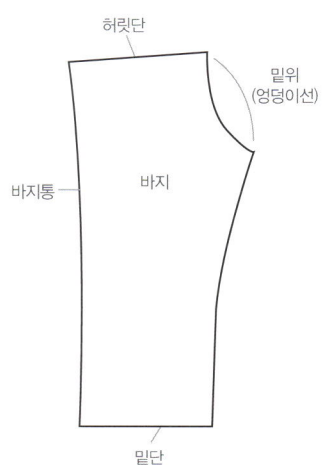

패턴 기호

시접처리

박음질한 가장자리를 지그재그 패턴 또는 오버로크로 둘러 박음질하면
지저분한 가장자리를 깨끗하게 마감할 수 있고, 올 풀림을 방지할 수도 있다.
오버로크 재봉틀을 사용하여 오버로크로 마감을 하는 것이 가장 좋지만,
오버로크 재봉틀이 없는 경우 가정용 재봉틀의 지그재그 패턴을 사용하면 된다.

오버로크와 지그재그 패턴 비교

오버로크　　　　　　　　지그재그 패턴

만들기 과정에서 따로 언급하는 경우를 제외하고, 옷을 만들며 생기는 시접은 모두
입었을 때 뒤쪽을 향하도록 정리하는 것이 좋다.
어깨선, 겨드랑이 밑 옆선, 바지통, 소매통의 시접이 그런 경우다.
바지 밑위, 엉덩이선의 시접은 좌, 우로 엇갈리게 정리하는 것이 박음질하기에 수월하며,
안감을 써서 두 겹으로 만드는 옷은 가름솔하여 시접이 두꺼워지지 않게 한다.

1

안감과 겉감을 겉면이 맞닿게 포갠 후,
완성선을 따라 박음질한다.

2

완성선 바깥 가장자리를 따라
오버로크로 시접처리한다.

바이어스

바이어스는 만들어진 바이어스 테이프를 구매해서 사용하거나, 원단을 잘라 직접 만들어 쓸 수도 있다.

바이어스 만들기

직접 만들어서 사용하는 바이어스는 재봉 방법(인바이어스, 아웃바이어스)에 따라 원단을 3등분, 4등분으로 접어 다림질하여 쓴다.
4등분으로 접어 사용하는 아웃바이어스의 경우, 바이어스 메이커를 이용하면 쉽게 바이어스를 만들 수 있다.
12mm, 18mm, 25mm의 다양한 사이즈가 있는데 옷의 시접처리를 할 때는 18mm 바이어스 메이커를 사용하는 것이 가장 보편적이다.

1

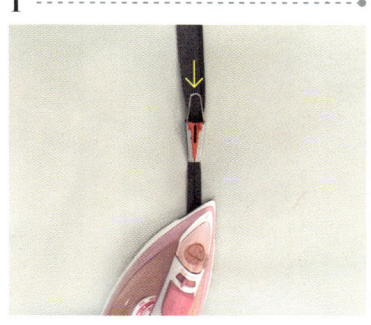

재단한 바이어스용 원단을 바이어스 메이커의 넓은 쪽 구멍으로 끼워 넣는다. 송곳을 이용하여 원단을 좁은 구멍으로 밀어내고, 원단 양 끝이 중심선에서 만나게 접히도록 빼내어 다림질한다.

2

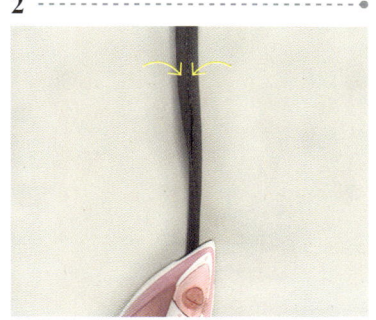

중심선을 안으로 한 번 더 접어 다림질한다.

아웃바이어스

옷의 안쪽과 바깥쪽에서 모두 보이는 바이어스로 목선, 소품의 테두리를 처리할 때 주로 사용한다.

1

4등분 하여 다림질한 바이어스의 겉면을 원단의 안쪽 면에 포개어, 바이어스의 가장 바깥쪽 다림선을 따라 박음질한다.

2

원단의 겉면이 보이게 원단을 뒤집은 후, 바이어스를 접어 올린다.
바이어스로 시접을 감싸게 접는다.

3

2mm 안쪽으로 상침하여 마무리한다.

> **인바이어스**

3cm 폭의 바이어스로 옷의 안쪽에서만 바이어스가 보이도록 시접을 정리하는 방법이다.
목선, 진동 등의 시접처리에 많이 사용한다.

1

원단의 겉면에 바이어스 겉면이 맞닿게 포갠다.

2

바이어스의 ⅓지점을 바이어스 처리할 곳을 따라 박음질한다.

3
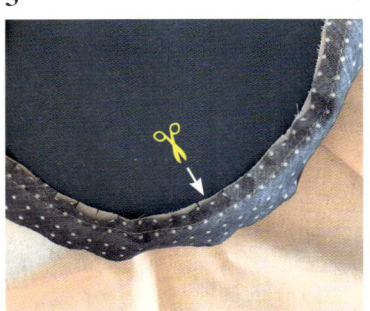
시접의 곡선 안쪽에 가윗밥을 넣는다.

4

원단의 안쪽 면이 보이게 원단을 뒤집은 후, 바이어스로 시접을 감싸게 접는다.

5

2mm 안쪽으로 박음질하여 마무리한다.

6

원단의 겉면에서는 바이어스가 보이지 않는다.

접착심지

주머니 입구, 단추가 달리는 여밈 부분 등 계속 힘이 가해지는 부분이나, 원단의 사선 방향으로 재단하는 어깨선, 얇은 원단을 덧대는 경우 등에는 원단 안쪽에 접착심지를 붙여 헤짐과 늘어짐, 뒤틀림을 방지하는 것이 좋다.
어깨선이나 지퍼의 시접 등에는 1cm 폭으로 재단된 접착심지 테이프를 사용하면 편하다.

재단형 접착심지

주머니 입구, 옷의 트임 부분에는 접착심지를 시접 너비만큼 재단하여 붙인다.

접착심지 테이프

어깨선 등의 좁은 시접은 접착심지 테이프를 사용하면 편하다.

1

풀이 묻은 접착심지의 안쪽 면을 원단의 안쪽 면에 포갠 후, 충분한 스팀을 가해 다림질하면 풀이 녹으면서 원단에 붙는다.

트임 부분 모서리 처리

옷의 트임 부분은 옆선과 밑단을 모두 처리해 주어야 한다. 이때, 이중으로 접혀 모서리가 두꺼워질 수 있는데, 아래와 같이 처리하면 깔끔히 정리할 수 있다.

1

트임 부분의 안쪽 면에 접착심지를 붙인다.

2

트임 부분 옆선을 안쪽으로 두 번 접어 다림질하고, 밑단은 시접처리한 후 안쪽으로 한 번 접어 다림질한다.

3

원단의 겉면이 보이게 원단을 뒤집는다. 두 번 접었던 시접 중 한 번을 밖으로 꺾어 접어 밑단 부분을 박음질한다. 이때, 과정2에서 접은 밑단선에 맞춰 박음질하고, 시접 너비만큼만 박음질한다.

4

박음선 아래, 시접 부분의 밑단을 가장 바깥쪽만 남기고 겹치지 않게 잘라낸다.

5

원단의 안쪽 면이 보이게 원단을 뒤집은 후, 시접을 안쪽으로 다시 접어서 정리한다.

6

옆선을 박음질하여 마무리한다.

주름 잡기

주름은 손으로 잡는 방법과 재봉틀로 잡는 방법이 있다.
손주름은 원단의 주름을 손으로 잡아 시침핀으로 고정한 뒤, 그대로 박음질하여 잡는 방법이다.
재봉틀로 주름 잡는 방법은 아래와 같다.

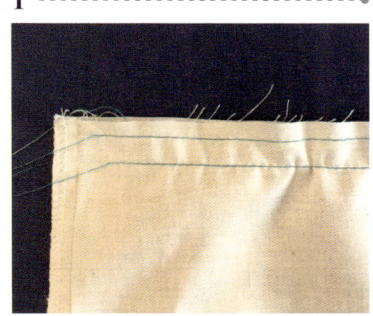

1
주름 잡을 원단의 끝에서 5mm, 15mm 간격으로 두 줄을 4.5mm 땀수로 박음질한다.
이때, 되돌아박기는 하지 않는다.

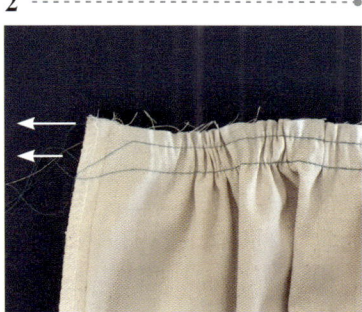

2
두 개의 실을 한쪽에서 잡아당기고 원단을 안쪽으로 밀어 넣으며 주름을 잡는다. 주름을 잡은 후 실 양 끝을 묶어, 주름이 풀리지 않도록 한다.

3
주름 잡은 원단을 1cm 시접으로 박음질하여 주름을 고정한다. 이때, 송곳을 이용하여 주름 모양을 예쁘게 잡아가며 박음질한다.

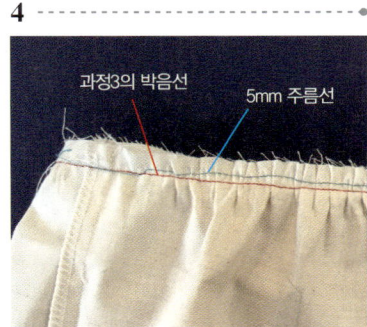

4
과정1에서 두 줄로 박은선 중 15mm 재봉선은 완성된 옷 밖으로 보이기 때문에 박음질 후 제거한다.

주머니 만들기

주머니는 만드는 방법과 옷 밖으로 보이는 모양에 따라 다양한 종류로 나눌 수 있다.
입술주머니, 솔기주머니, 뚜껑주머니, 주름주머니 등이 있으며,
아래의 붙임주머니는 만들기 간단해서 아이 옷을 만들 때 흔하게 쓰는 방법이다.

1

주머니 입구 안쪽 시접 부분에 접착심지를 붙인다.

2

주머니 입구를 안쪽으로 1cm, 2cm로 두 번 접어 다림질한다.

3

주머니 입구를 2mm 안쪽으로 상침하여 고정한다.

4

주머니 좌, 우, 밑을 안쪽으로 1cm 접어 다림질한다.

이때, 밑면의 모서리 곡선 부분은 4.5mm 땀수로 한 줄 박음질한 후, 실을 당겨 주름을 잡아 접으면 부드러운 곡선을 만들 수 있다.

5

주머니 위치에 주머니를 올린 후, 좌, 우, 밑을 5mm 안쪽으로 박음질하여 고정한다.

6

주머니 입구의 좌, 우에 가로로 5mm 상침해주면 더 튼튼하게 고정할 수 있다.

장식 끈 만들기

자투리 원단으로 끈이나 리본을 만들면, 원피스나 블라우스에 포인트 장식을 할 수 있다.
허리끈 등 길게 만들어야 하는 끈은 원단의 식서 방향으로 재단하여 만드는 것이 좋다.

1

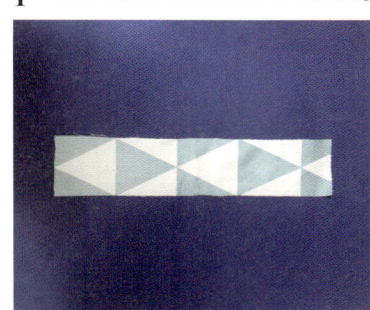

원하는 장식 끈 폭의 2배 너비로 원단을 재단한다.

2

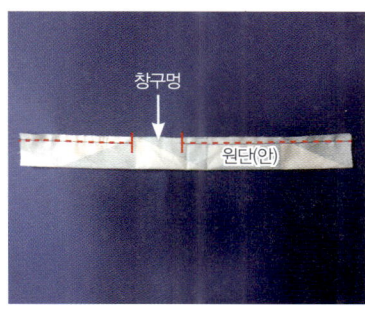

원단의 겉면이 맞닿게 반으로 접은 후, 가로 방향을 직선으로 박음질한다.

TIP 끈의 길이가 짧으면 창구멍 없이 박음질하여 양 끝으로 뒤집고, 끈이 길면 중간에 창구멍을 남기고 박음질하면 뒤집기 편하다.

3

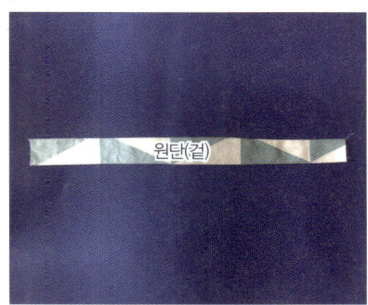

겉면이 밖으로 향하게 뒤집은 후, 다림질한다.

4

박음질한 쪽을 2mm 안쪽으로 상침하여 마무리한다.

공그르기로 창구멍 막기

2장의 원단을 겹쳐 박음질하고 창구멍을 통해 뒤집은 후,
창구멍을 막아 주어야하는 경우에는 손바느질로 공그르기를 한다.
2장의 원단 시접을 다림질하여 정리한 후, 바늘 땀이 바깥으로 보이지 않게 바느질한다.

1

바늘에 실을 꿰어 실 끝을 매듭짓고, 바늘을 창구멍 끝의 원단 안쪽에서 밖으로 통과한다.
TIP 원단을 미리 다림질하여 각을 잡고 작업하면 편하다.

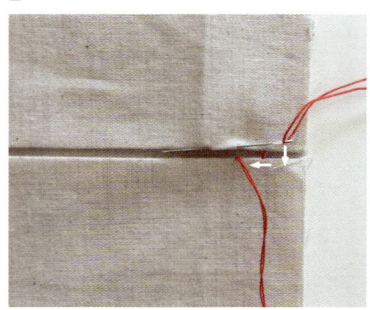

2

바늘을 수직으로 내려 꽂아 반대쪽 원단으로 넣은 후, 한 땀을 뜨고 밖으로 뺀다.

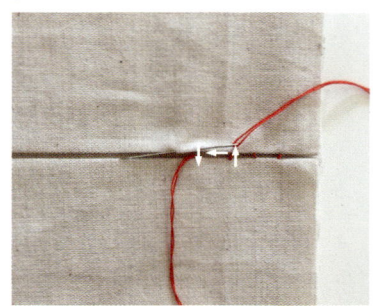

3

그대로 바늘을 수직으로 올려 꽂아 다시 반대쪽 원단으로 넣은 후, 한 땀을 뜨고 밖으로 뺀다.

4

과정2~3을 반복하여 창구멍을 막는다.

단춧구멍 만들기

재봉틀의 '자동 단춧구멍 만들기' 기능을 사용하면, 간편하게 단춧구멍을 만들 수 있다.
단춧구멍을 만들 원단이 얇거나 신축성이 있어 바느질이 잘 안 되는 경우에는 원단 뒷면에
종이를 대고 작업하면 더 쉽게 재봉할 수 있다. 종이는 바느질이 끝난 후 뜯어낸다.

1

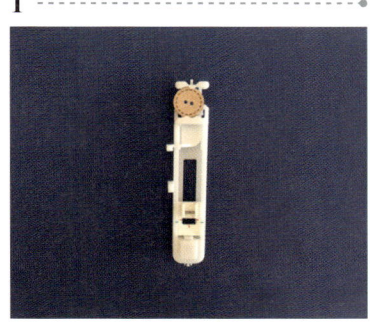

단춧구멍 노루발의 단추 걸이 부분에
사용할 단추를 끼운다.

2

재봉틀에 단춧구멍 노루발을 끼우고,
재봉틀의 단춧구멍 만들기 레버를
당겨서 단춧구멍 노루발에 걸어준다.

3

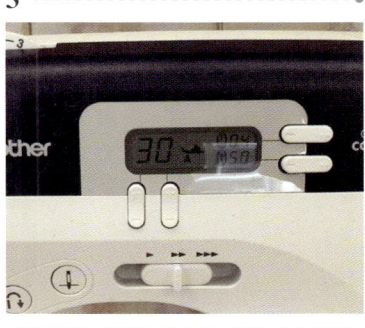

재봉틀의 패턴을 만들고 싶은 단춧구멍
패턴으로 선택한다.

4

단춧구멍 위치에 맞춰 단춧구멍을
박음질한다.

5

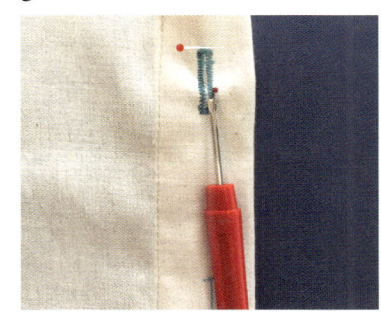

실뜯개를 사용해 박음질 사이의 원단을
뜯어 단춧구멍을 낸다.
TIP 단춧구멍 위쪽에 시침핀을 꽂아서
단춧구멍이 손상되지 않도록 한다.

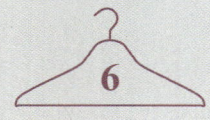

HOW TO MAKE

만드는 방법

패턴 사이즈 참고표

실물크기패턴 사이즈	90	100	110	120	130
나이	3~4세	4~5세	5~6세	6~7세	7~8세
신장	85~95	96~105	106~115	116~125	126~135
체중	13	16	19	22	25
가슴둘레	52	54	57	60	64
허리둘레	47	49	51	53	55
엉덩이둘레	52	56	60	64	68
머리둘레	50	51	51	52	53
어깨폭	25	27	29	31	33
등길이	24	26	28	30	32
소매기장	30	33	36	39	42

일러두기
- 실물크기패턴은 시접 없이 완성선을 기준으로 만들어졌습니다. (ㄹ 시접은 작품별 도안배치도 참고)
- 재단배치도는 가장 큰 사이즈인 130을 기준으로 만들어졌습니다.
- 모델 아이는 키 101cm, 몸무게 14kg으로 실물크기패턴 사이즈 100을 착용하였습니다.

01
플랫 칼라 원피스

난이도	★★★★☆

준비물 워싱 리넨 원단, 바이어스 원단,
접착심지, 단추
실물크기패턴 A면

재단배치도

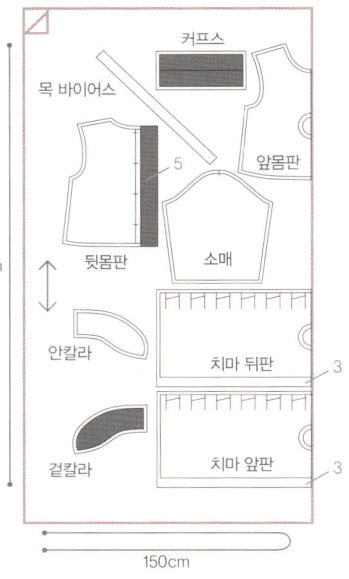

- 표시 외 시접은 1cm
- ▇ 접착심지 붙이는 곳

Dress
12p

사이즈별 바이어스 재단

아이 옷 사이즈	90	100	110	120	130
바이어스	43 × 3cm	44 × 3cm	46 × 3cm	48 × 3cm	49 × 3cm

How To Make

1

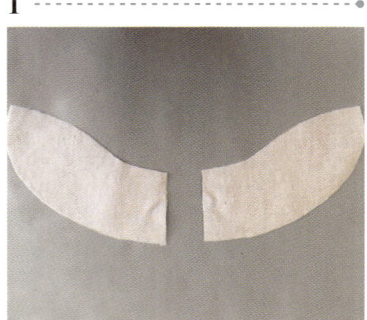

겉칼라의 안쪽 면에 접착심지를 붙인다.

2

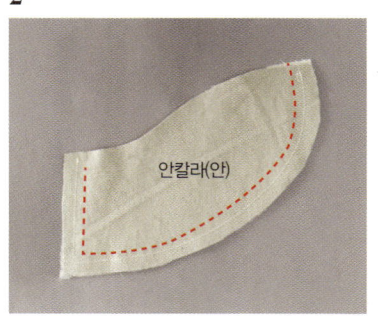

겉칼라와 안칼라의 겉면이 맞닿게 포갠 후, 칼라의 바깥 테두리를 박음질한다.

3

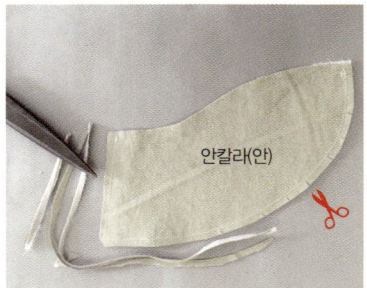

시접을 5mm만 남기고 잘라낸 후, 곡선 부분에 가윗밥을 넣는다.

4
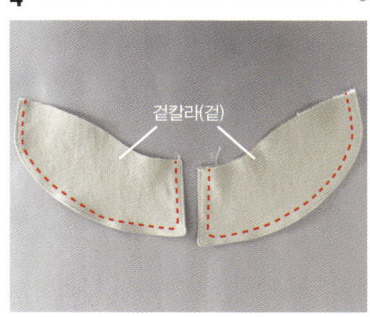

뒤집어서 다림질한 후, 바깥 테두리를 2mm 안쪽으로 상침한다.

5
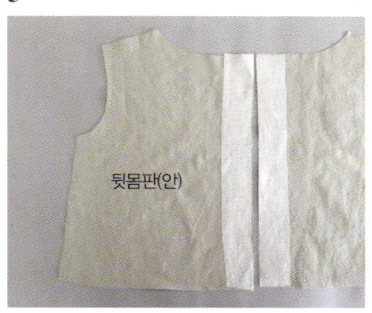

뒷몸판의 양쪽 트임 부분 안쪽 면에 5cm 너비의 접착심지를 붙인다.

6
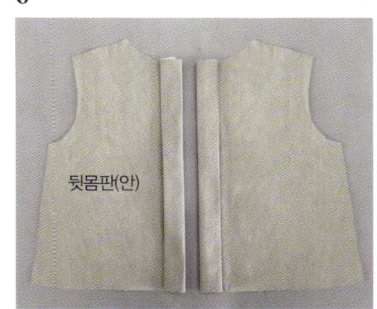

트임 부분을 2cm, 3cm로 두 번 접어 다림질한다.

7
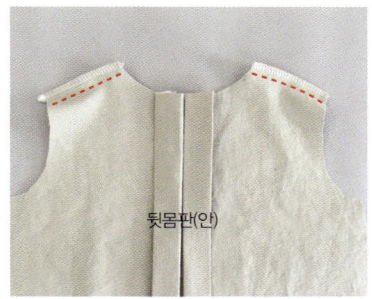

앞몸판과 뒷몸판의 겉면이 맞닿게 포개어 어깨선을 박음질 한 후, 시접처리한다.

8

앞몸판의 중심에 양 칼라의 시작점이 오도록 하여, 앞몸판과 뒷몸판의 겉면에 5mm 안쪽으로 칼라를 달아준다.

9

인바이어스로 칼라 위, 목선을 둘러 박음질한다.
먼저 과정6에서 두 번 접었던 뒤트임을 바깥으로 한 번 접은 후, 몸판의 겉면에 바이어스의 겉면이 맞닿게 포갠다.

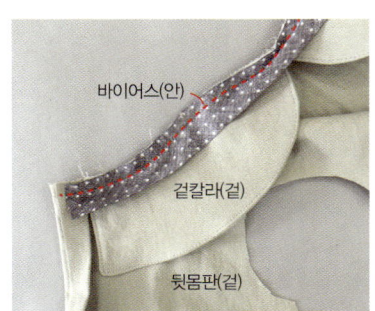

목선을 따라 바이어스의 ⅓지점을 박음질한다.
한쪽 트임부터 시작해 양 칼라를 지나 반대쪽 트임까지 박음질한다.

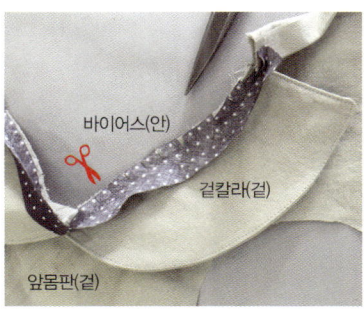

시접의 곡선 부분에 가윗밥을 넣는다.

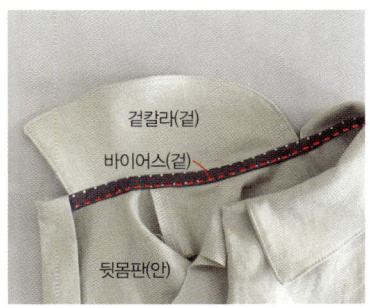

몸판의 안쪽에서 바이어스로 시접을 감싸게 접어 1mm 안쪽으로 박음질한다.
참고. 92p 인바이어스

10

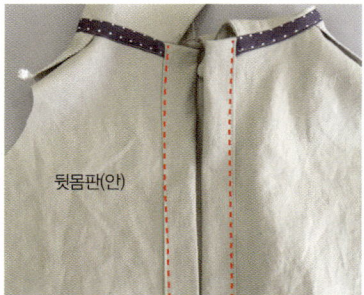

뒤트임의 접힌 부분을 2mm 안쪽으로 박음질한다.

11

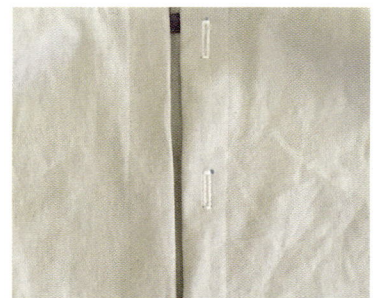

뒤트임의 단춧구멍 위치에 단춧구멍을 만든다.

12

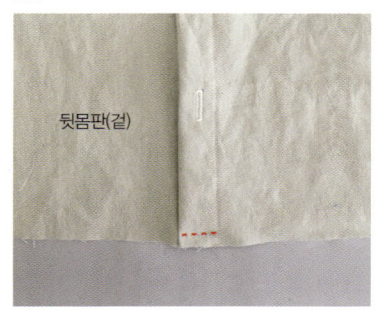

뒤트임의 아랫부분이 3cm 포개지도록 놓고 5mm 안쪽으로 박음질한다.
TIP 몸판의 겉면이 밖으로 향하게 두고, 단춧구멍이 위로 올라오게 겹쳐 박음질한다.

13

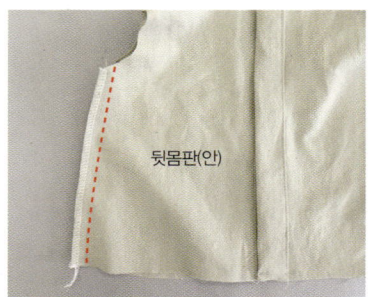

앞몸판과 뒷몸판의 겉면이 맞닿게 포개어 옆선을 박음질한 후, 시접처리한다.

14

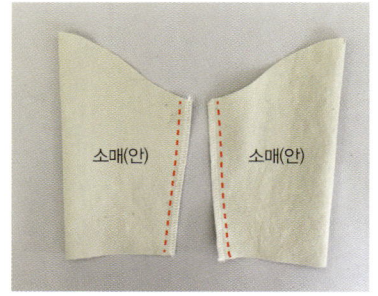

소매를 겉면이 맞닿게 접어 소매통을 박음질한 후, 시접처리한다.

15

커프스 안쪽 면에 접착심지를 붙인 후, 커프스의 중심선을 접어 다림질하고, 한쪽 끝은 1cm 안쪽으로 한 번 더 접어서 다림질한다.

16

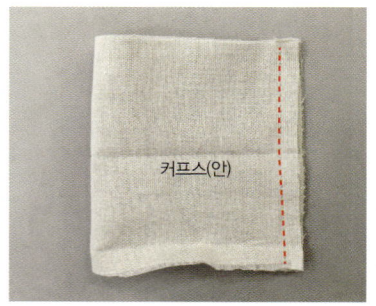

커프스를 반으로 접어 박음질한 후, 시접을 가름솔한다.

17

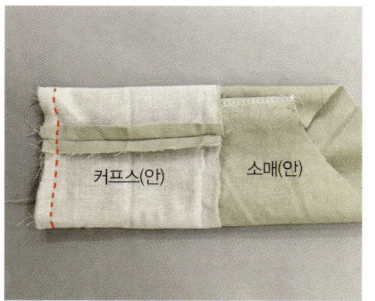

소매의 안쪽 면에 커프스의 겉면이 맞닿게 끼워 넣고 박음질한다. 이때, 과정15에서 1cm 안으로 접은 반대쪽을 박음질한다.

18

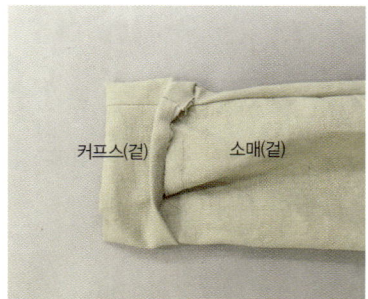

소매와 커프스의 겉면이 밖으로 향하게 뒤집은 후, 커프스로 소매의 시접을 감싸게 접는다.

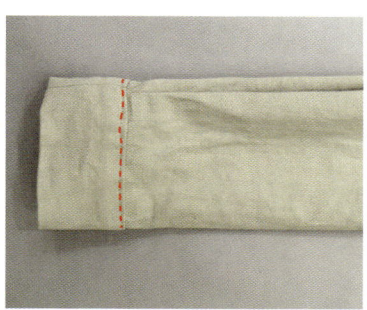

과정15에서 잡은 선대로 커프스 끝을 접어 2mm 안쪽으로 박음질한다.

19

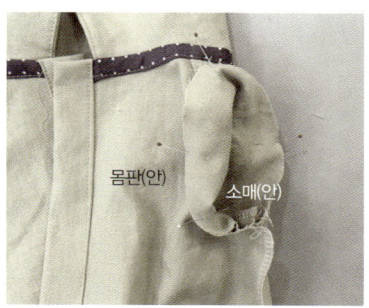

몸판의 겉면과 소매의 겉면이 맞닿게 소매를 몸판 사이에 끼워 넣고, 맞춤점을 맞춰 고정한다.

박음질한 후, 시접처리한다.

TIP 소매 길이가 진동 길이보다 길기 때문에, 박음질할 때 소매가 몸판 위에 오도록 놓고 박음질하는 것이 좋다. 옷감에 주름이 잡히지 않도록 주의하며 재봉한다.

20

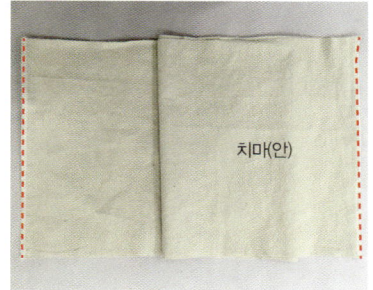

치마의 앞판, 뒤판을 겉면이 맞닿게 포개어 양 옆선을 박음질한 후, 시접처리한다.

21

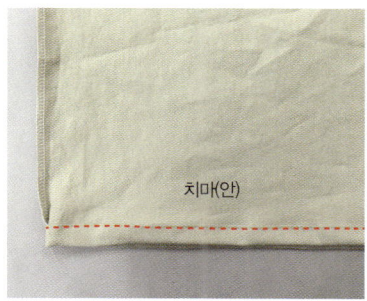

치마 밑단을 안쪽에서 1cm, 2cm로 두 번 접어 다림질한 후, 박음질한다.

22

치마를 뒤집은 후, 위쪽의 턱주름을 접어 시침핀으로 고정하고, 5mm 안쪽으로 박음질한다.

23

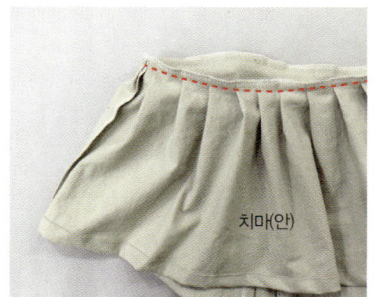

몸판의 겉면과 치마의 겉면이 맞닿게 포갠다. 앞뒤, 양 옆의 중심을 서로 맞춰 핀으로 고정하고 박음질한 후, 시접처리한다.

24

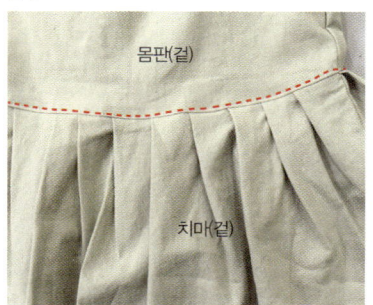

시접을 몸판 쪽으로 꺾어 다림질한 후, 겉면에서 2mm 안쪽으로 상침하여 고정한다.

25

단추를 달아서 마무리한다.

02
러플 원피스

난이도	★★★★☆

준비물 40수 면 원단, 바이어스 원단,
접착심지, 실고무줄

실물크기패턴 E면

재단배치도

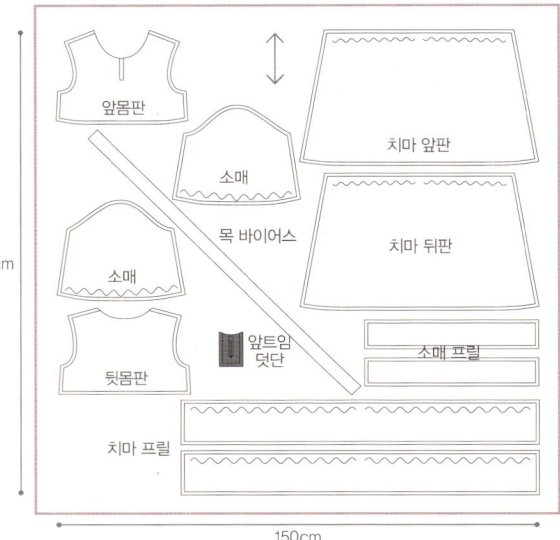

- 표시 외 시접은 1cm
- ▨ 접착심지 붙이는 곳

Dress
14p

사이즈별 바이어스 재단

아이 옷 사이즈	90	100	110	120	130
바이어스	108 × 4cm	110 × 4cm	112 × 4cm	113 × 4cm	115 × 4cm

How To Make

1

앞트임 덧단의 안쪽 면에 접착심지를 붙입니다.

2

좌, 우를 5mm, 밑을 1cm 안쪽으로 접어 다림질한다.

3

앞몸판의 겉면에 앞트임 덧단의 겉면이 맞닿게 포개어 트임선을 박음질한다.

4

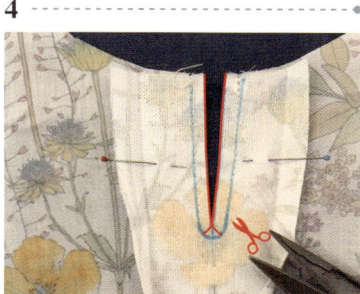

트임 부분을 자르고, 곡선 부분은 뒤집어진 Y자 형태로 가윗밥을 넣는다.

5

앞몸판의 안쪽에서 앞트임 덧단을 밖으로 접어 올린다. 과정2에서 접은 시접을 안으로 접어 2mm 안쪽으로 상침한다.

6

앞몸판과 뒷몸판을 겉면이 맞닿게 포개어 어깨선을 박음질한 후, 시접처리한다.

7

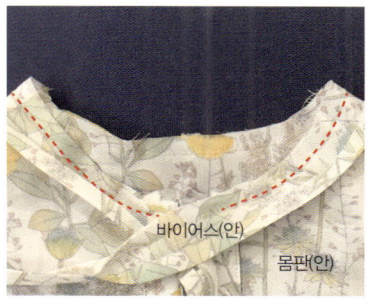

아웃바이러스로 목선을 둘러 박음질한다. 먼저 바이어스를 총 4등분으로 다림질하여 준비한 후, 바이어스의 겉면을 앞몸판의 안쪽 면에 맞닿게 놓고 시침핀으로 고정한다.

TIP 목선을 두르고 남은 바이어스를 여밈 끈으로 사용할 수 있도록 바이어스 중심과 뒷몸판 중심을 맞추어 고정한다.

목선을 따라 바이어스의 안쪽 1cm를 박음질한다.

몸판의 겉면에서 바이어스로 시접을 감싸게 접는다. 바이어스의 시작과 끝은 1cm 안쪽으로 접어 넣는다.

바이어스 한쪽 끝에서 시작해, 목선을 지나 바이어스의 반대쪽 끝까지 1mm 안쪽으로 박음질하여 고정한다.

참고. 91p 아웃바이어스

8

앞몸판과 뒷몸판의 겉면이 맞닿게 포개어 옆선을 박음질한 후, 시접처리한다.

9

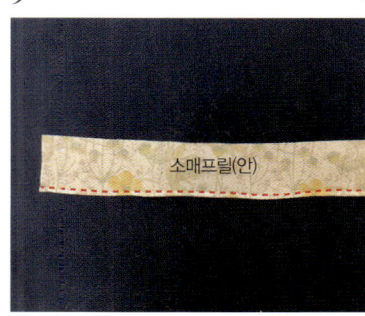

소매프릴 밑단을 안쪽에서 5mm, 5mm로 두 번 접어 박음질한다.

10

소매프릴의 위쪽에 4mm 땀수로 한 줄 직선박기하여 주름을 잡는다. 주름을 잡은 후 길이가 소맷단의 길이와 같게 한다.

11

소매 겉면과 소매프릴의 겉면이 맞닿게 포개어 박음질한 후, 시접처리한다.

12

밑실 보빈에 실고무줄을 감아 준비한다.
TIP 감을 때 살짝 당겨 감는다.

13

밑실을 넣고 과정11에서 박음질한 소매와 소매프릴의 박음선을 따라 박음질한다. 이때, 시작과 끝에 고무줄을 7cm 남기고 박는다.
TIP 밑실은 실고무줄, 윗실은 일반 재봉사를 사용한다. 북집의 나사를 약간 풀어주고, 되돌아박기는 하지 않는다.

14

소매의 겉면이 맞닿게 접어 소매통을 박음질한 후, 시접처리한다.

15

실고무줄의 양쪽 끝을 교차해 묶고, 남는 실과 고무줄을 잘라서 정리한다.

16

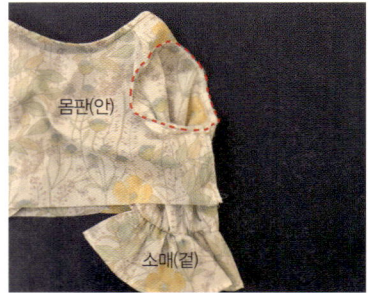

몸판의 겉면과 소매의 겉면이 맞닿게 소매를 몸판 사이에 끼워 넣는다. 맞춤점을 맞추어 박음질한 후, 시접처리한다.

17

치마의 앞판, 뒤판을 겉면이 맞닿게 포개어 양 옆선을 박음질한 후, 시접처리한다.

18

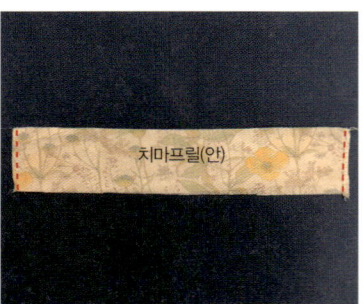

2장의 치마프릴을 겉면이 맞닿게 포개어 옆선을 박음질한 후, 시접처리한다.

19

치마프릴 밑단을 안쪽에서 5mm, 5mm로 두 번 접어 박음질한다.

20

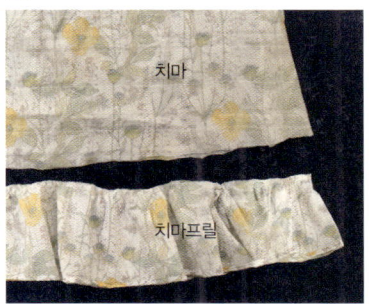

치마프릴의 위쪽에 4.5mm 땀수로 한 줄 직선박기하여 주름을 잡는다. 주름을 잡은 후 길이가 치마 밑단의 길이와 같게 한다.

21

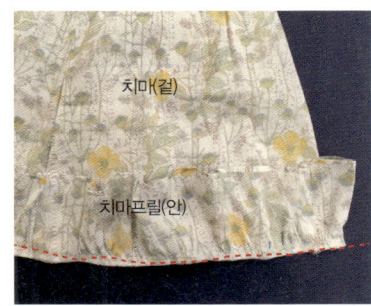

치마의 겉면과 치마프릴의 겉면이 맞닿게 포개어 박음질한 후, 시접처리한다. 이때, 앞뒤 중심과 양 옆선을 시침핀으로 고정한 후, 7cm 간격으로 시침핀 고정하여 박음질한다.

22

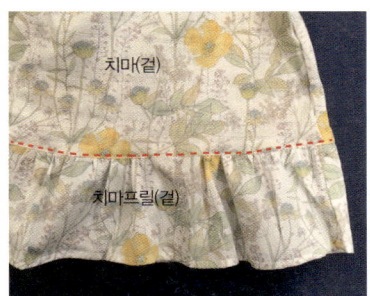

시접을 치마 쪽으로 꺾어 다림질한 후, 겉면에서 2mm 안쪽으로 상침하여 고정한다.

23

치마의 위쪽에 4.5mm 땀수로 두 줄 (5mm, 15mm) 직선박기하여 주름을 잡는다.

24

몸판의 겉면과 치마의 겉면이 맞닿게 앞뒤 중심과 양 옆선을 맞추어 포개어 박음질한 후, 시접처리한다.

25

시접을 몸판 쪽으로 꺾어 다림질한 후, 겉면에서 2mm 안쪽으로 상침하여 마무리한다.

03
앞치마 원피스

난이도 ★☆☆☆☆

준비물 면 또는 리넨 원단, 바이어스 원단, 접착심지

실물크기패턴 A면

재단배치도

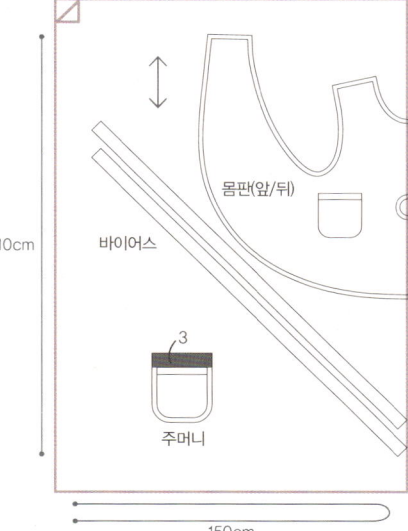

- 표시 외 시접은 1cm
- ▰ 접착심지 붙이는 곳

Dress
18p

사이즈별 바이어스 재단

아이 옷 사이즈	90	100	110	120	130
바이어스	284 × 3cm	298 × 3cm	313 × 3cm	328 × 3cm	343 × 3cm

How To Make

1

주머니 입구 안쪽 면에 3cm 너비의 접착심지를 붙인다.

2

주머니의 좌, 우, 밑을 안쪽으로 1cm씩 접어 다림질한다. 밑 곡선 부분은 4.5mm 땀수로 박음질한 후, 실 끝을 당겨서 주름을 잡은 뒤 다림질한다.

참고. 96p 주머니 달기

3

주머니 입구를 1cm, 2cm로 두 번 접어 다림질한 후, 2mm 안쪽으로 박음질한다.

4

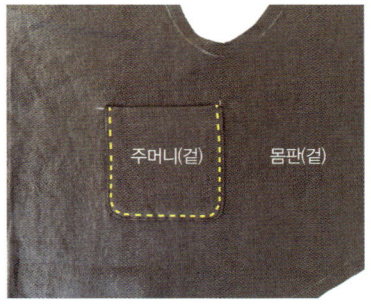

앞몸판의 겉면에 주머니를 올린 후, 좌, 우, 밑을 2mm 안쪽으로 상침하여 주머니를 달아준다.

5

몸판의 겉면이 맞닿게, 어깨가 교차되게 포개어 어깨선을 박음질한 후, 시접처리 한다.

6

인바이어스로 가장자리를 둘러 박음질 한다.

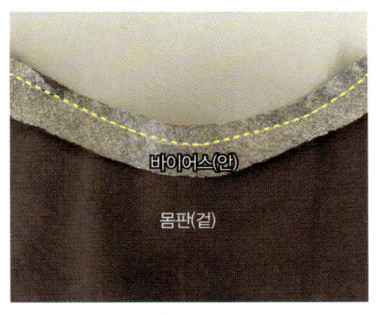

먼저 몸판의 겉면과 바이어스의 겉면을 맞대어 바이어스의 ⅓지점을 박음질한다.

TIP 바이어스의 시작점은 뒤 밑단 등 눈에 덜 띄는 곳으로 하는 것이 좋다.

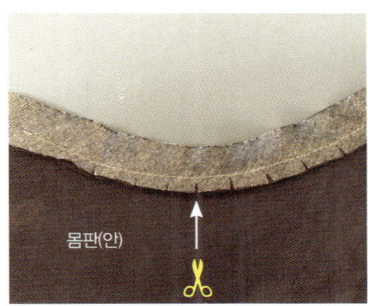

목선, 암홀, 밑단 등 시접의 곡선 부분에 가윗밥을 넣는다.

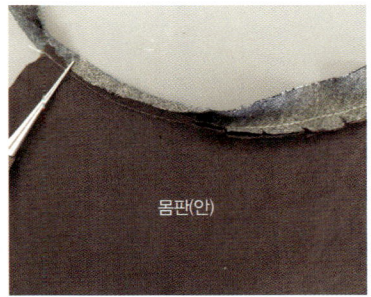

몸판의 안쪽에서 바이어스로 시접을 감싸게 접는다.

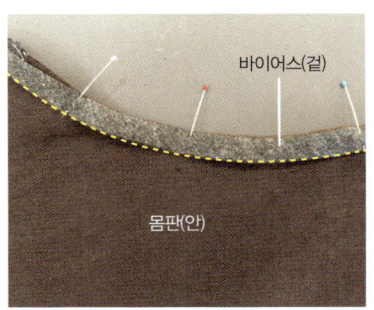

1mm 안쪽으로 박음질한다.
참고. 92p 인바이어스

7

다림질하여 마무리한다.

04
티셔츠 원피스

난이도 ★☆☆☆☆

준비물 40수 싱글 다이마루 원단, 바이어스 원단(40수 싱글 다이마루), 리본 원단, 접착심지, 니트용 봉제 바늘, 니트용 봉제사

실물크기패턴 B면

Dress
20p

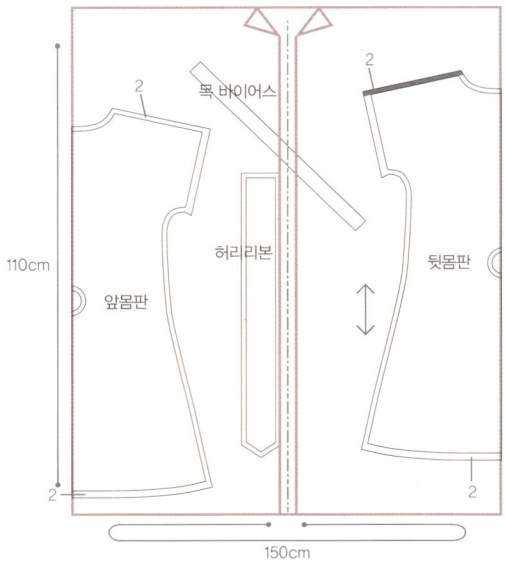

- 표시 외 시접은 1cm
- ▬ 접착심지 붙이는 곳

사이즈별 원단 재단

아이 옷 사이즈	90	100	110	120	130
바이어스	44 × 3cm	45 × 3cm	47 × 3cm	49 × 3cm	50 × 3cm
리본(시접 포함)	55 × 5cm	57 × 5cm	59 × 5cm	61 × 5cm	63 × 5cm

How To Make

1

뒷몸판의 안쪽 면 어깨 시접에 1cm 너비의 접착심지를 붙인다.

TIP 니트 원단으로 만드는 옷의 어깨선 등 사선 방향으로 재단하는 부위는 늘어나기 쉬우므로 접착심지를 붙여야 한다.

2

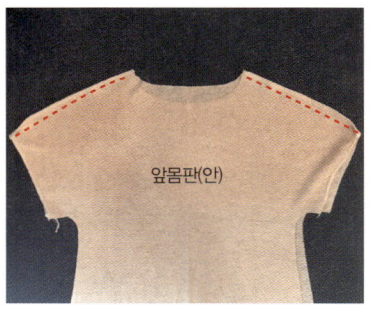

앞몸판과 뒷몸판을 겉면이 맞닿게 포개어 어깨선을 박음질한 후, 시접처리한다.

3

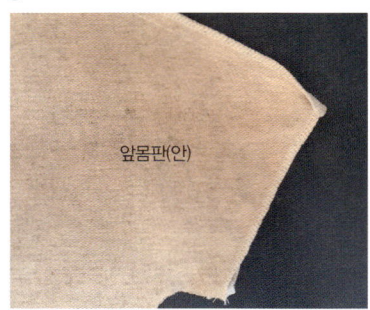

소맷단을 지그재그(오버로크)로 시접처리한다.

4

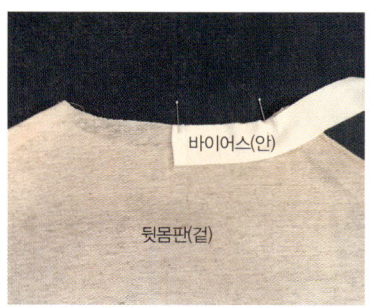
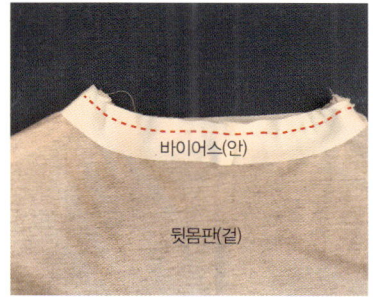
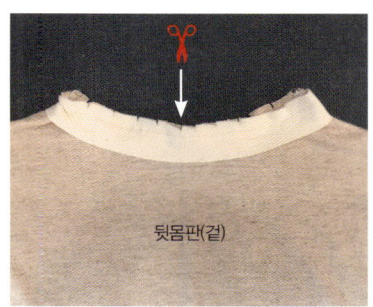

인바이어스로 목선을 둘러 박음질한다. 먼저 몸판의 겉면과 바이어스의 겉면이 맞닿게 포개어 고정한다. 이때, 시작점은 안쪽으로 1cm 접는다.

목선을 따라 바이어스의 ⅓지점을 박음질한다. 이때, 끝은 시작점 위로 1cm를 겹쳐 박는다.

시접의 곡선 부분에 가윗밥을 넣는다.

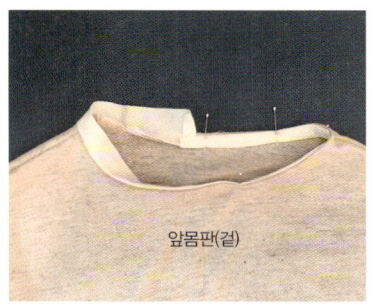
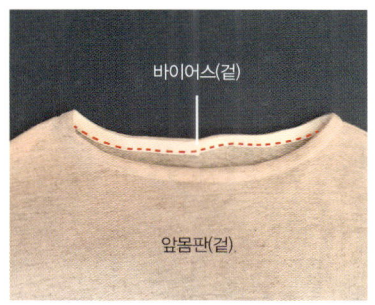

5

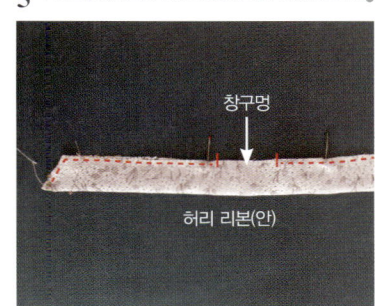

바이어스로 목선의 시접을 감싸게 접는다.

몸판 안쪽에서 1mm 시접으로 박음질하여 마무리한다.
참고. 92p 인바이어스

허리 리본 원단은 겉면이 맞닿게 반으로 접은 후, 5cm의 창구멍을 남기고 박음질한다.

6

7

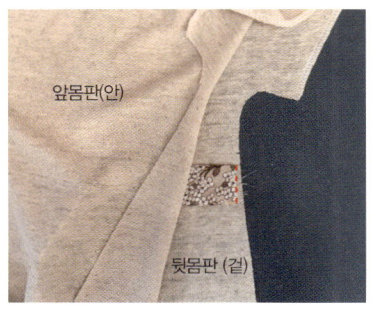

8

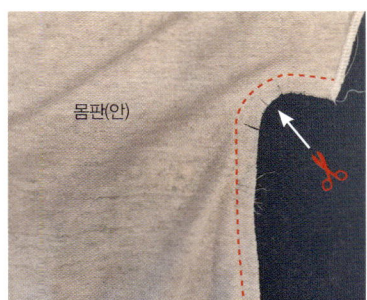

리본을 뒤집어서 다림질한 후, 1mm 안쪽으로 상침하여 고정한다. 이때, 창구멍도 함께 막는다. 2장의 리본을 같은 방법으로 준비한다.

앞몸판과 뒷몸판의 겉면이 맞닿게 포갠 후, 리본 위치에 맞추어 두 몸판 사이에 허리 리본을 놓는다.

암홀과 옆선을 한 번에 박음질한 후, 겨드랑이 밑 곡선 부분에 가윗밥을 넣는다.

9

암홀과 옆선을 지그재그(오버로크)로 시접처리한다.

10

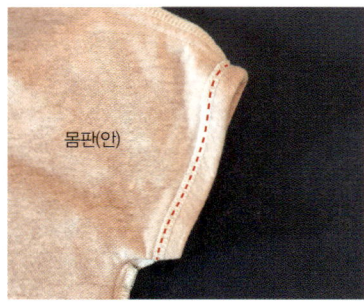

소맷단을 안쪽에서 한 번 접어 박음질한다.

11

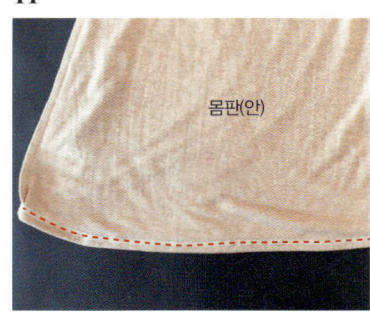

밑단을 지그재그(오버로크)로 시접처리한 후, 안쪽에서 한 번 접어 박음질하여 마무리한다.

TIP 신축성이 있는 다이마루(편물) 원단을 재봉할 때는 니트용 봉제 바늘을 쓰고, 밑실로 니트용 봉제사를 사용하는 것이 좋다. 니트 원단은 재봉하면서 늘어나 울기 쉬우나, 스팀 다림질하면 원래 상태로 돌아온다.

05
리본 원피스

난이도 ★★★☆☆

준비물 면 또는 리넨 원단(레이스), 접착심지, 단추

실물크기패턴 B면

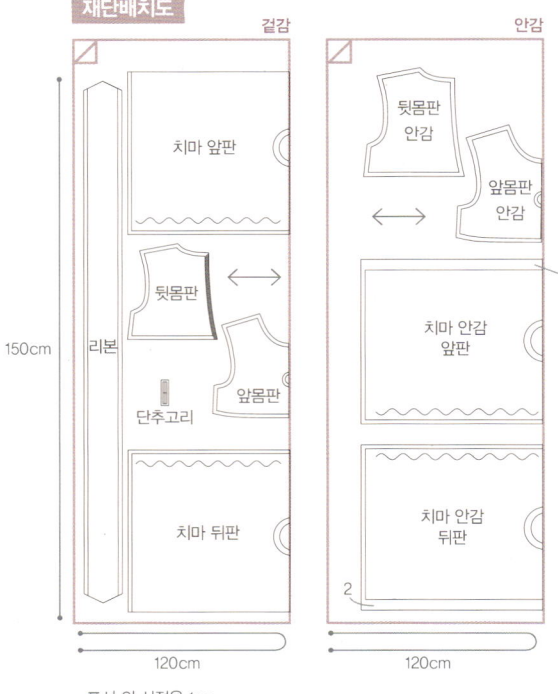

- 표시 외 시접은 1cm
- 접착심지 붙이는 곳

Dress
22p

사이즈별 리본 재단

아이 옷 사이즈	90	100	110	120	130
리본(시접 포함)	130 × 8cm	132 × 8cm	135 × 8cm	138 × 8cm	142 × 8cm

How To Make

1

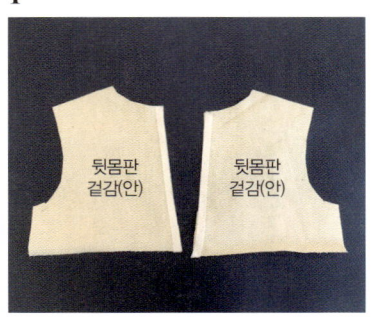

겉감 뒷몸판의 양쪽 트임 부분 안쪽 면에 1cm 너비의 접착심지를 붙인다.

2

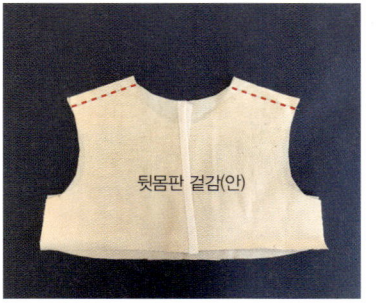

겉감 앞몸판과 뒷몸판의 겉면이 맞닿게 포개어 어깨선을 박음질한다.

3

박음질한 어깨를 가름솔한다.
안감도 같은 방법으로 준비한다.

4

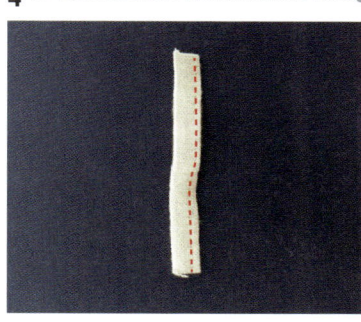

단추고리 원단을 총 4등분으로 접어 1mm 안쪽으로 상침한다.

5

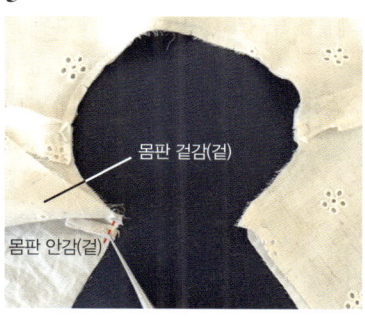

단추고리를 반으로 접어 안감 겉면(뒤트임 왼쪽 모서리)에 올려 임시 고정한다.

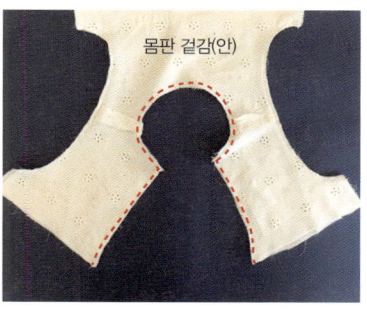

겉감과 안감을 겉면이 맞닿게 포개어 양쪽 트임과 목선을 박음질한다.

6

양쪽 암홀을 박음질한다.

7

과정5~6에서 박음질한 모든 시접을 5mm만 남기고 잘라낸 후, 곡선 부분에 가윗밥을 넣는다.

8

몸판을 뒤집은 후, 다림질하여 시접을 정리한다.

9

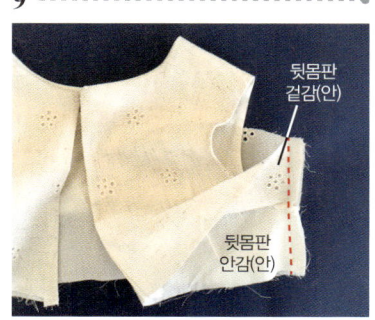

몸판의 겉감과 안감을 겉면이 맞닿게 포개어 옆선을 박음질한다.

10

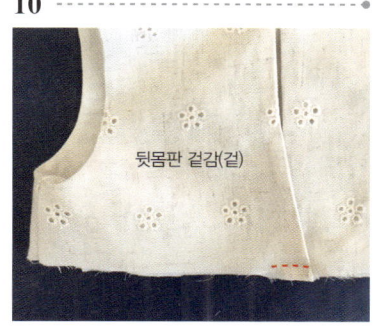

뒤트임의 아랫부분이 4cm 포개지도록 놓고 5mm 안쪽으로 박음질한다.

11

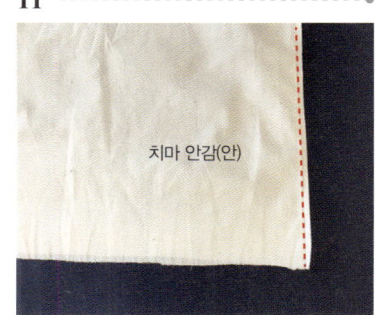

치마 안감의 앞판, 뒷판을 겉면이 맞닿게 포개어 양 옆선을 박음질한 후, 시접 처리한다.

12

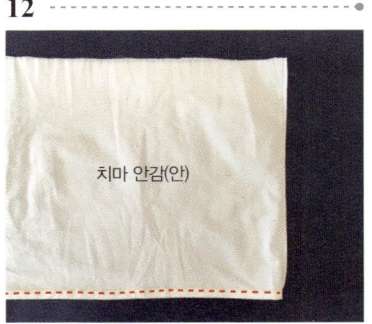

치마 안감의 밑단을 안쪽에서 1cm, 1cm 로 두 번 접어 다림질한 후, 박음질한다.

13

치마 겉감의 겉면이 맞닿게 포개어 양 옆선을 박음질한 후, 시접처리한다.

14

치마 안감의 위쪽에 치마의 앞뒤 중심을 표시한 후, 4.5mm 땀수로 두 줄(5mm, 15mm) 직선박기하여 주름을 잡는다.

15

과정14와 같은 방법으로 치마 겉감도 주름을 잡는다.

16

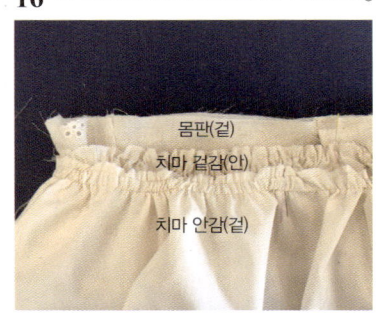

몸판에 앞뒤 중심을 표시한 후, 몸판, 치마 겉감, 치마 안감을 중심을 맞추어 순서대로 포갠다.

17

과정16에서 포갠 원단을 끝선을 맞추어 박음질하고 시접처리한다.

18

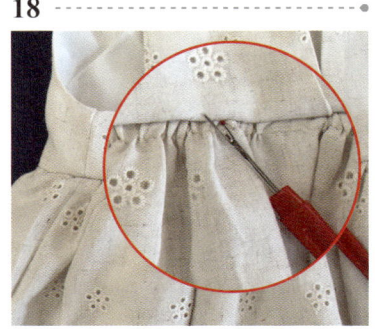

겉면에서 보이는 15mm 주름 재봉선을 제거한다.

19

시접을 몸판 쪽으로 꺾어 다림질한 후, 겉면에서 2mm 안쪽으로 상침하여 고정한다.

20

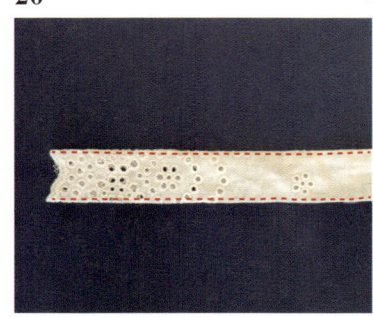

리본 원단을 겉면끼리 맞닿게 접어서 10cm의 창구멍을 남기고 안쪽에서 박음질한다. 뒤집어서 다림질한 후, 2mm 안쪽으로 상침한다.

21

단추를 달아 마무리한다.
리본은 사진처럼 트임 부분에 묶거나 허리, 어깨에 묶어서 스타일링한다.

06
한복 원피스

난이도 ★★★★★

준비물 면 또는 리넨 원단, 레이스 원단(겹치마)
실물크기패턴 D면

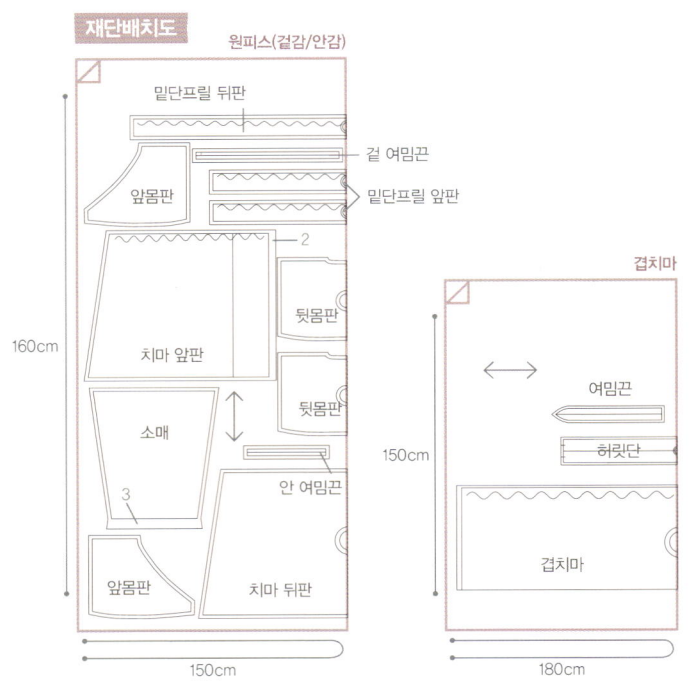

Dress
24p

- 표시 외 시접은 1cm
- ▇ 접착심지 붙이는 곳

How To Make

1

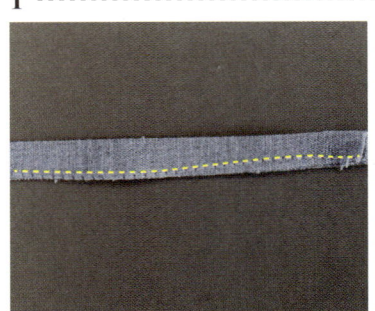

여밈끈을 총 4등분으로 접어 다림질한 후, 1mm 안쪽으로 상침한다.

이때, 한쪽 끝을 안쪽으로 1cm 접어 넣는다. 4장의 여밈끈을 같은 방법으로 준비한다.

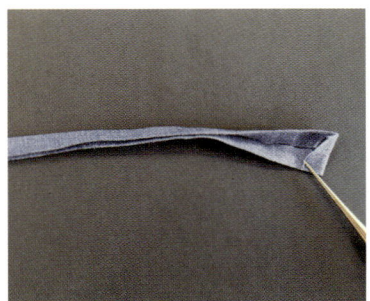

2

겉감 앞몸판과 뒷몸판의 겉면이 맞닿게 포개어 어깨선을 박음질한 후, 가름솔한다.

3

안감 앞몸판과 뒷몸판의 어깨선도 같은 방법으로 박음질한다.

4

몸판 겉감과 안감의 겉면이 맞닿게 포갠 후, 몸판 사이에 소매를 펼쳐 넣는다. 안감과 겉감의 어깨선과 소매의 중심이 맞게 고정하여 박음질한다. 이때, 소매의 겉면이 몸판 겉감의 겉면을 향하도록 한다.

5

양쪽 앞몸판 끝에 여밈끈을 하나씩 넣고 고정한다. 이때, 과정1에서 1cm 접어 넣지 않은 쪽을 몸판 사이에 넣는다.

6

앞여밈과 목선을 박음질하고, 시접의 곡선 부분에 가윗밥을 넣는다.

7

겉감과 안감의 옆선을 각각 박음질한다.

안감의 앞몸판과 뒷몸판의 겉면이 맞닿게 포개어 옆선을 박음질한다. 이때, 목선을 위로 둔 상태에서 오른쪽 옆선에 여밈끈을 끼워넣고 박음질한다.

겉감의 앞몸판과 뒷몸판의 겉면이 맞닿게 포개어 옆선을 박음질한다. 이때, 왼쪽 옆선에 여밈끈을 끼워넣고 박음질한다.

8

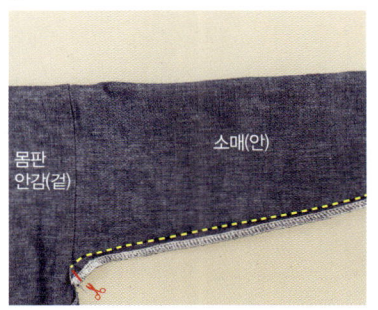

몸판의 안쪽에서 소매통을 박음질하고 시접처리한다. 겨드랑이 시접에 가윗밥을 한 번 넣는다.

9

소맷단을 1cm, 2cm로 두 번 접어 다림질한 후, 박음질한다.

10

치마 앞판의 직각 면을 안쪽에서 1cm, 1cm로 두 번 접어 다림질한 후, 박음질한다.

11

치마의 앞판과 뒤판의 겉면이 맞닿게 포개어 박음질한 후, 시접처리한다.

12

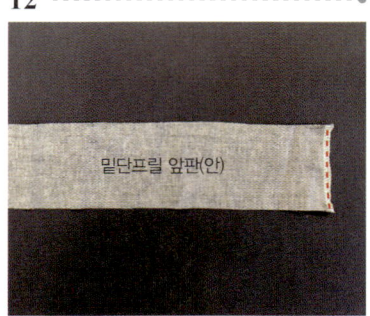

밑단프릴 뒤판과 앞판의 겉면이 맞닿게 포개어 옆선을 박음질한 후, 시접처리한다.

13

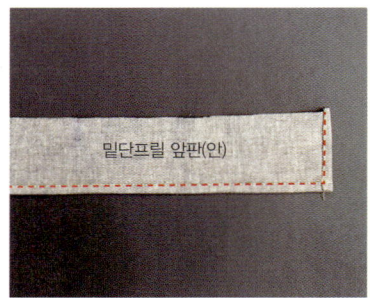

밑단프릴을 길게 펼쳐서 좌, 우, 밑을 안쪽에서 5mm, 5mm로 두 번 접어 박음질한다.

14

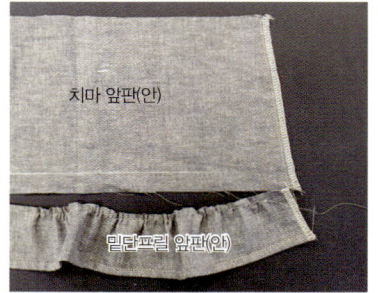

밑단프릴의 위쪽에 4.5mm 땀수로 한 줄 직선박기하여 주름을 잡는다. 주름잡은 후 길이가 치마 밑단 길이와 같게 한다.

15

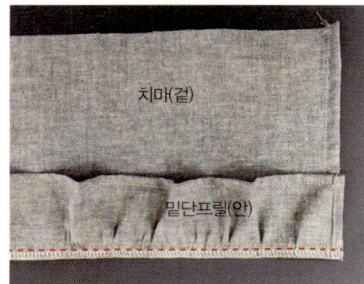

치마 겉면과 밑단프릴 겉면이 맞닿게 포개어 박음질한 후, 시접처리한다.

16

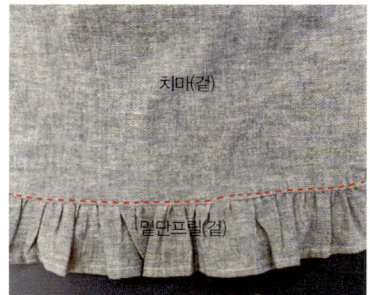

시접을 치마 쪽으로 꺾어 다림질한 후, 겉면에서 2mm 안쪽으로 상침하여 고정한다.

17

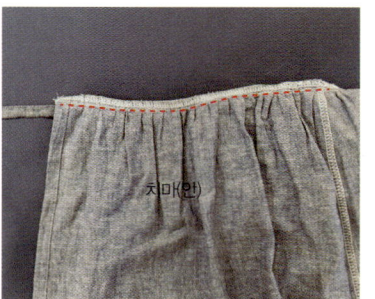

치마 위쪽에 4.5mm 땀수로 두 줄(5mm, 15mm) 직선박기하여 주름을 잡은 후, 치마 겉면과 몸판 겉면이 맞닿게 포개어 박음질하고 시접처리한다.

TIP 치마와 몸판에 각각 중심을 표시하고, 중심과 양 옆선을 맞춰 박음질한다.

18

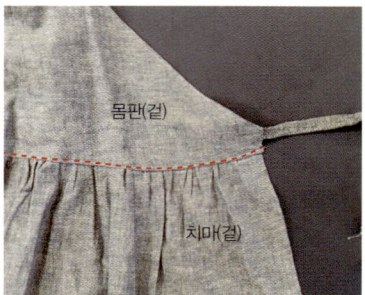

시접을 몸판 쪽으로 꺾어 다림질한 후, 겉면에서 2mm 안쪽으로 상침하여 마무리한다.

겹치마

1

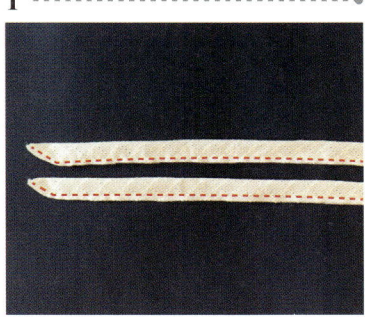

여밈끈을 겉면이 맞닿게 반으로 접어 10cm의 창구멍을 남기고 박음질한다. 뒤집어서 다림질하고 2mm 안쪽으로 상침한다.

2

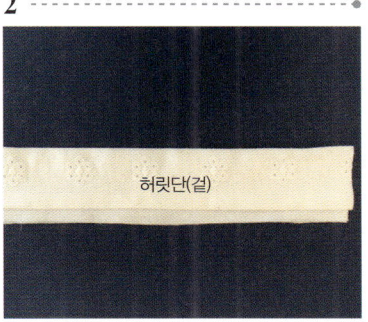

허릿단의 중심선을 접어 다림질하고, 한쪽 밑단은 1cm 안쪽으로 접어서 다림질한다.

3

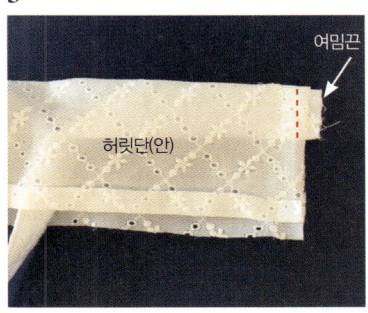

허릿단의 겉면이 맞닿게 접어 양 끝에 여밈 끈을 끼워 넣어 고정한다. 이때, 여밈 끈의 뾰족하지 않은 부분을 끼운다.

4

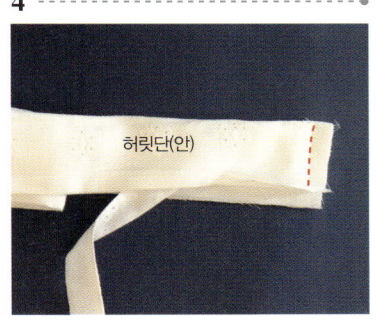

과정2에서 1cm 안으로 접은 부분을 뺀 양 옆선을 박음질한다.

5

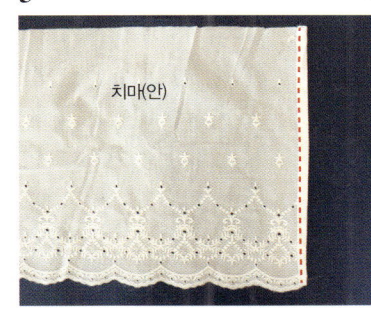

치마의 양 옆선을 안쪽에서 1cm, 1cm로 두 번 접어 다림질한 후, 박음질한다.

6

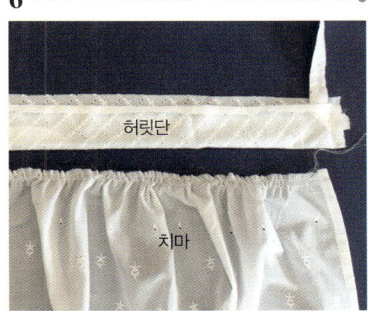

치마 위쪽에 4.5mm 땀수로 한 줄 직선 박기하여 주름을 잡는다. 주름잡은 후 길이가 허릿단 길이와 같게 한다.

7

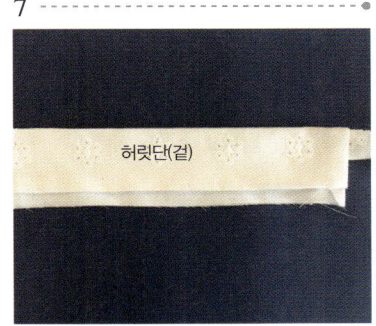

허릿단을 뒤집어 정리한다.

8

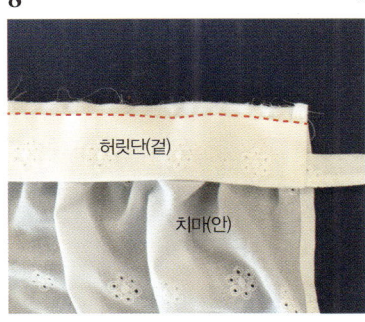

치마의 안쪽 면과 허릿단(과정2에서 다림질하지 않은 쪽)을 포개어 박음질한다.

9

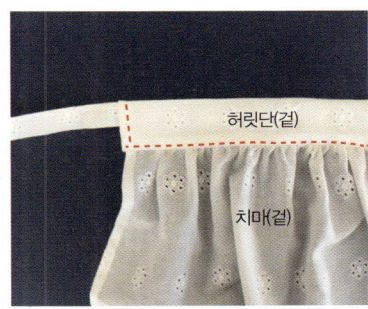

허릿단 안으로 치마 위쪽 시접을 정리해 넣고, 과정2에서 접어 놓은 선대로 2mm 안쪽으로 상침하여 마무리한다. 이때, 옆선도 상침한다.

07
리넨 셔츠

난이도	★★★☆☆

준비물 워싱 리넨 원단, 바이어스 원단, 접착심지, 단추

실물크기패턴 F면

재단배치도

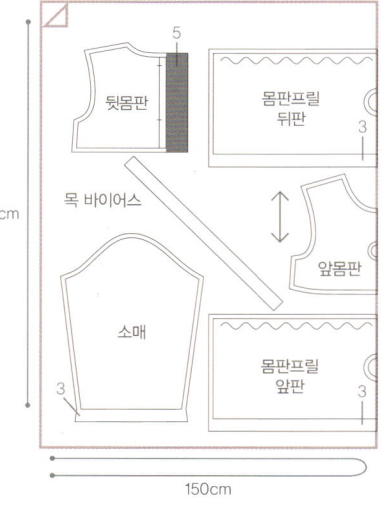

- 표시 외 시접은 1cm
- ▨ 접착심지 붙이는 곳

Top & Outer
30p

사이즈별 바이어스 재단

아이 옷 사이즈	90	100	110	120	130
바이어스	44 × 3cm	45 × 3cm	47 × 3cm	49 × 3cm	50 × 3cm

How To Make

1

뒷몸판의 양쪽 트임 부분 안쪽 면에 5cm 너비의 접착심지를 붙인 후, 2cm, 3cm로 두 번 접어서 다림질한다.

2

앞몸판과 뒷몸판의 겉면이 맞닿게 포개어 어깨선을 박음질한 후, 시접처리한다.

3

인바이어스로 목선을 둘러 박음질한다. 먼저 과정1에서 두 번 접었던 뒤트임을 바깥으로 한 번 접은 후, 몸판의 겉면에 바이어스의 겉면이 맞닿게 포갠다.

목선을 따라 바이어스의 ⅓지점을 박음질한다. 이때, 바이어스의 시작과 끝은 뒤트임의 접힌 부분과 1cm만 겹치게 하되 박음질은 끝까지 한다.

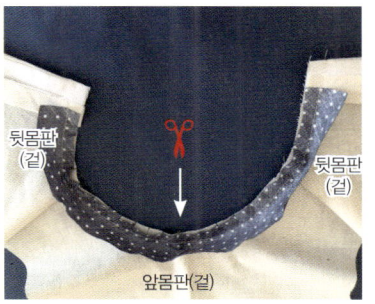

시접의 곡선 부분에 가윗밥을 넣는다.

몸판의 안쪽에서 바이어스로 시접을 감싸게 접는다.

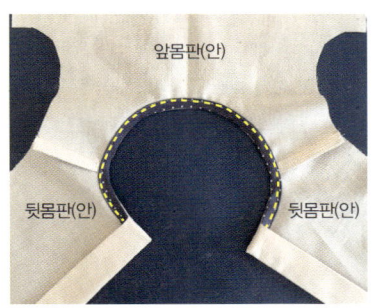

1mm 안쪽으로 박음질하여 마무리한다.
참고. 92p 인바이어스

뒤트임의 접힌 부분을 2mm 안쪽으로 박음질한다.

앞몸판과 뒷몸판의 겉면이 맞닿게 포개어 옆선을 박음질한 후, 시접처리한다.

뒤트임의 단춧구멍 위치에 단춧구멍을 만든다.

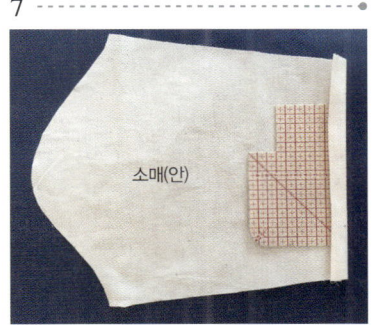

소맷단을 안쪽에서 1cm, 2cm로 두 번 접어 다림질한다.

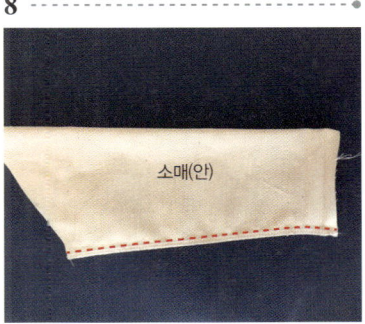

소매를 겉면이 맞닿게 접어 소매통을 박음질한 후, 시접처리한다.

9

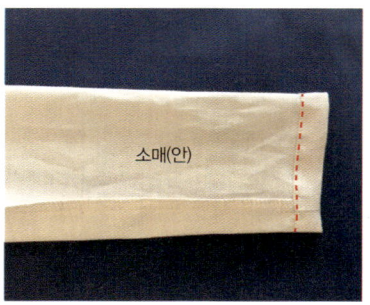

과정7에서 접은 소맷단을 2mm 안쪽으로 박음질한다.

10

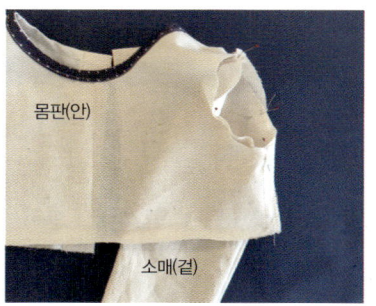

몸판의 겉면과 소매의 겉면이 맞닿게 소매를 몸판 사이에 끼워 넣는다.

맞춤점을 맞추어 박음질한 후, 시접처리한다.

11

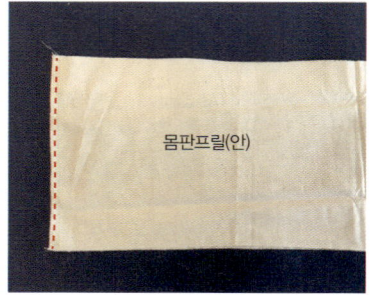

몸판프릴의 앞판, 뒤판을 겉면이 맞닿게 포개어 양 옆선을 박음질한 후, 시접처리한다.

12

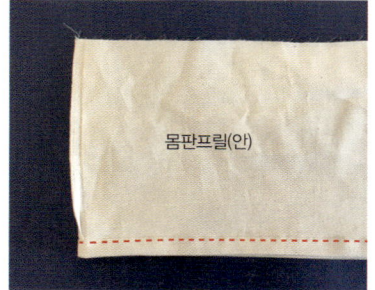

몸판프릴의 밑단을 안쪽에서 1cm, 2cm로 두 번 접어 다림질한 후, 박음질한다.

13

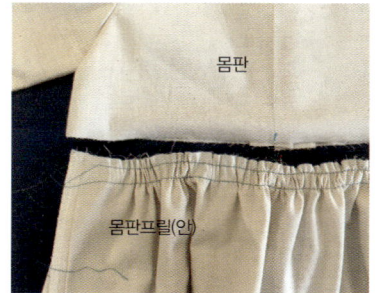

몸판프릴 위쪽에 4.5mm 땀수로 두 줄(5mm, 15mm) 직선박기하여 주름을 잡는다. 이때, 주름을 잡은 후 길이가 몸판 길이와 같게 한다.

14

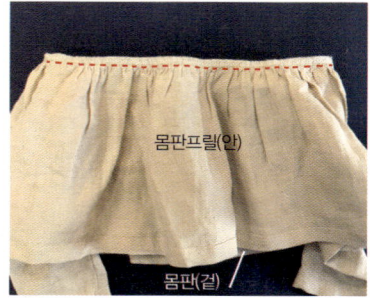

몸판과 몸판프릴의 중심을 맞춰 겉면이 맞닿게 포개어 박음질한 후, 시접처리한다.

15

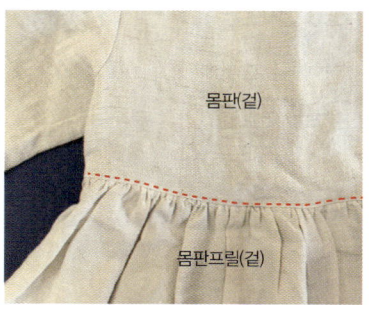

시접을 몸판 쪽으로 꺾어 다림질한 후, 겉면에서 2mm 안쪽으로 상침하여 고정한다. 겉면에서 보이는 15mm 주름 재봉선을 제거한다.

16

단추를 달아 마무리한다.

08
큐트 블라우스

| 난이도 | ★★☆☆☆ |

준비물 40수 또는 60수 면 원단, 바이어스 원단, 접착심지, 단추

실물크기패턴 G면

Top & Outer
32p

재단배치도

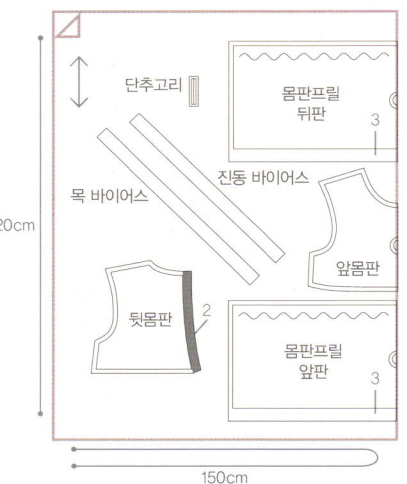

- 표시 외 시접은 1cm
- ▬ 접착심지 붙이는 곳

사이즈별 바이어스 재단

아이 옷 사이즈	90	100	110	120	130
목 바이어스	44 × 3cm	45 × 3cm	47 × 3cm	49 × 3cm	50 × 3cm
진동 바이어스	39 × 3cm	40 × 3cm	42 × 3cm	44 × 3cm	45 × 3cm

How To Make

1

뒷몸판의 양쪽 트임 부분 안쪽 면에 2cm 너비의 접착심지를 붙인다.

2

트임 부분을 1cm, 1cm로 두 번 접어서 다림질한 후, 박음질한다.

3

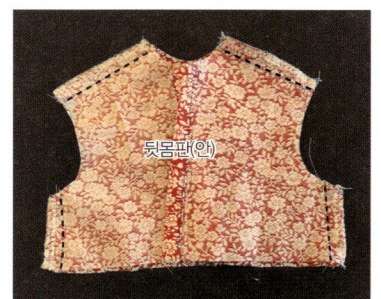

앞몸판과 뒷몸판을 겉면이 맞닿게 포개어 어깨선과 옆선을 박음질한 후, 시접 처리한다.

4

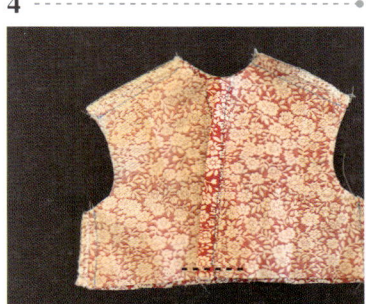

뒤트임의 아랫부분이 4cm 포개지도록 놓고 5mm 안쪽으로 박음질한다.

5

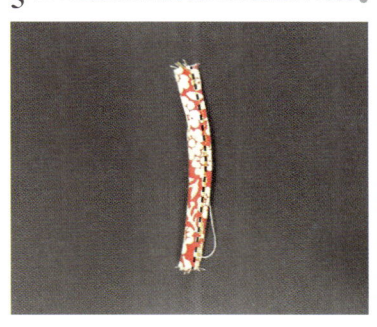

단추고리 원단을 총 4등분으로 접어 1mm 안쪽으로 상침한다.

6

인바이어스로 암홀을 둘러 박음질한다.

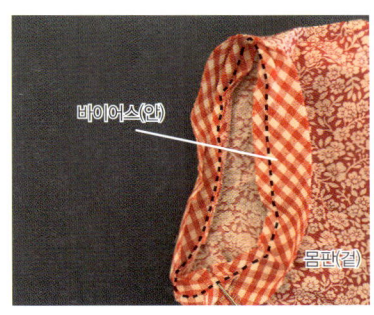

먼저 몸판의 겉면과 바이어스의 겉면이 맞닿게 포개어 암홀을 따라 바이어스의 ⅓지점을 박음질한다.
이때, 시작은 1cm 안쪽으로 접고, 끝은 시작점 위로 1cm를 겹쳐 박는다.

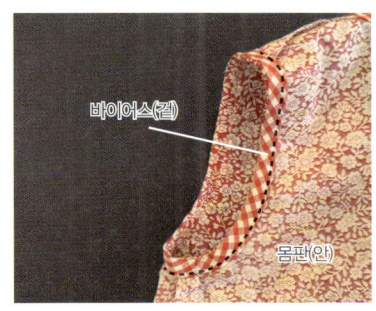

시접의 곡선 부분에 가윗밥을 넣고, 몸판 안쪽에서 바이어스로 시접을 감싸게 접어 1mm 안쪽으로 박음질한다.
참고. 92p 인바이스

7

단추고리 원단을 반으로 접어 뒤트임 왼쪽 끝에 임시 고정한 후,

과정6과 같은 방법(인바이어스)으로 목선을 둘러 박음질한다.

8

몸판프릴의 앞판, 뒤판을 겉면이 맞닿게 포개어 양 옆선을 박음질한 후, 시접처리한다.

9

몸판프릴 위쪽에 앞뒤 중심을 표시하고 4.5mm 땀수로 두 줄(5mm, 15mm) 직선박기하여 주름을 잡는다. 주름을 잡은 후 길이가 몸판 길이와 같게 한다.

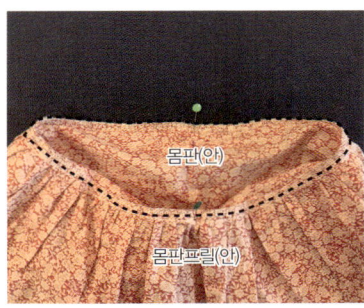

몸판과 몸판프릴의 중심과 양 옆선을 맞춰, 겉면이 맞닿게 포개어 박음질한 후, 시접처리한다.

몸판프릴 밑단을 안쪽에서 1cm, 2cm로 두 번 접어 다림질한 후, 박음질한다.

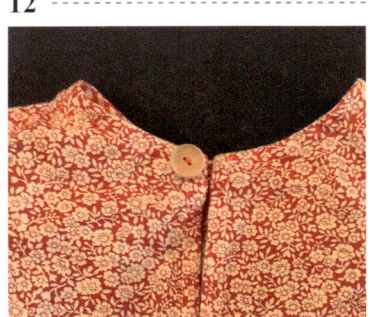

단추를 달아 마무리한다.

뒤트임에 리본을 묶어 주면 또 다른 느낌을 연출할 수 있다.

09
이지 티셔츠

난이도 ★☆☆☆☆

준비물 다이마루 원단, 바이어스 원단(다이마루), 접착심지, 니트용 봉제 바늘, 니트용 봉제사

실물크기패턴 E면

재단배치도

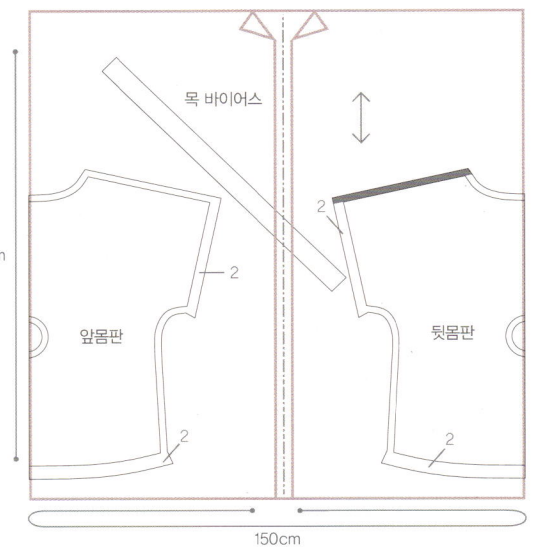

- 표시 외 시접은 1cm
- ■ 접착심지 붙이는 곳

Top & Outer
34p

사이즈별 바이어스 재단

아이 옷 사이즈	90	100	110	120	130
바이어스	44 × 3cm	45 × 3cm	47 × 3cm	49 × 3cm	50 × 3cm

How To Make

1

뒷몸판의 안쪽 면 어깨 시접에 1cm 너비의 접착심지를 붙인다.

TIP 니트 원단으로 만드는 옷의 어깨선 등 사선 방향으로 재단하는 부위는 늘어나기 쉬우므로 접착심지를 붙여야 한다.

2

앞몸판과 뒷몸판을 겉면이 맞닿게 포개어 어깨선을 박음질한다.

3

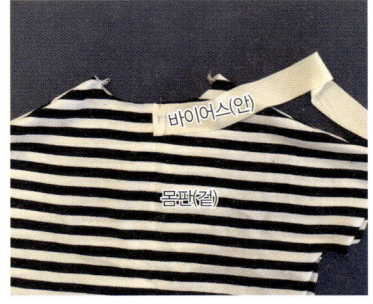

인바이어스로 목선을 둘러 박음질한다. 먼저 몸판의 겉면과 바이어스의 겉면이 맞닿게 포개어 고정한다. 이때 시작점은 안쪽으로 1cm 접는다.

목선을 따라 바이어스의 ⅓지점을 박음질한다. 끝은 시작점 위로 1cm를 겹쳐 박는다.

시접의 곡선 부분에 가윗밥을 넣는다.

몸판의 안쪽에서 바이어스로 시접을 감싸게 접는다.

4

1mm 안쪽으로 박음질하여 마무리한다.

5

몸판을 펼쳐 소맷단을 지그재그(오버로크)로 시접처리한다.

암홀과 옆선을 한 번에 박음질한 후, 시접처리 한다.

6

소맷단을 안쪽에서 2cm로 한 번 접어 박음질한다.

7

밑단을 지그재그(오버로크)로 시접처리한다.

8

밑단을 안쪽에서 2cm로 한 번 접어 박음질하여 마무리한다.

TIP 신축성이 있는 다이마루(편물) 원단을 재봉할 때는 니트용 봉제 바늘을 쓰고, 밑실로 니트용 봉제사를 사용하는 것이 좋다. 니트 원단은 재봉하면서 늘어나 울기 쉬우나, 스팀 다림질하면 원래 상태로 돌아온다.

10
프릴 블라우스

난이도 ★★★☆☆

준비물 면 또는 리넨 원단, 바이어스 원단,
접착심지, 단추
실물크기패턴 C면

재단배치도

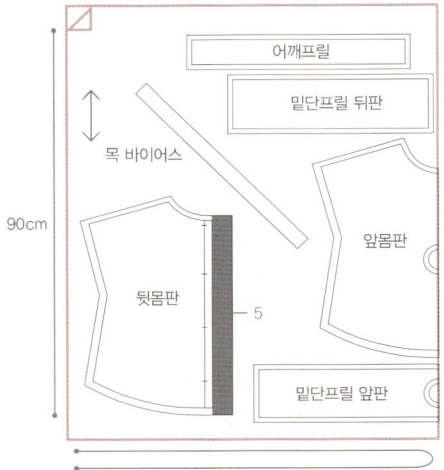

- 표시 외 시접은 1cm
- ▨ 접착심지 붙이는 곳

사이즈별 바이어스 재단

아이 옷 사이즈	90	100	110	120	130
바이어스	41 × 3cm	42 × 3cm	44 × 3cm	46 × 3cm	47 × 3cm

How To Make

1

뒷몸판의 양쪽 트임 부분 안쪽 면에 5cm 너비의 접착심지를 붙인 후, 2cm, 3cm로 두 번 접어 다림질한다.

2

앞몸판과 뒷몸판을 겉면이 맞닿게 포개어 어깨선을 박음질한 후, 시접처리한다.

3

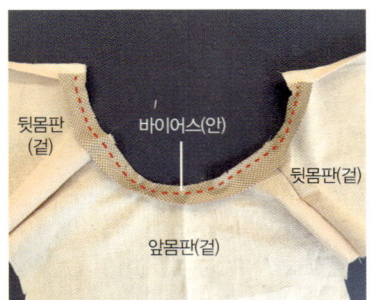

인바이어스로 목선을 둘러 박음질한다. 먼저 과정1에서 두 번 접었던 뒤트임을 바깥으로 한 번 접은 후, 몸판의 겉면에 바이어스의 겉면이 맞닿게 포개어 ⅓지점을 박음질한다.

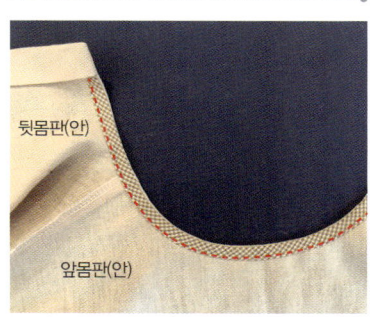

시접의 곡선 부분에 가윗밥을 넣은 후, 몸판의 안쪽에서 바이어스로 시접을 감싸게 접어 1mm 안쪽으로 박음질한다.
참고. 92p 인바이어스

4

뒤트임의 접힌 부분을 2mm 안쪽으로 박음질한다.

5

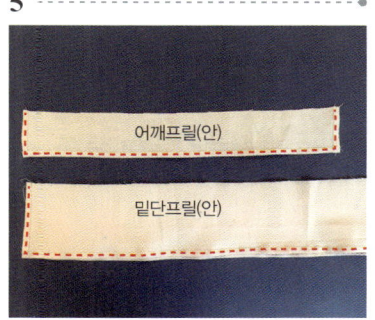

어깨프릴과 밑단프릴의 좌, 우, 밑을 안쪽에서 5mm, 5mm로 두 번 접어 박음질한다.

6

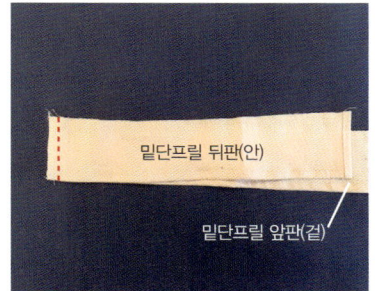

밑단프릴 뒤판과 앞판의 겉면이 맞닿게 포개어 옆선을 박음질한 후, 시접처리한다.

7

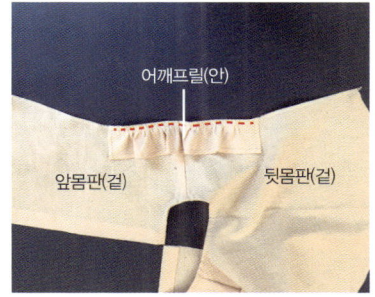

어깨프릴 위쪽에 4.5mm 땀수로 한 줄 직선박기하여 주름을 잡은 후, 몸판과 어깨프릴 겉면이 맞닿게 포개어 박음질한다.

TIP 이때, 시접처리를 하면서 옆선까지 한 번에 시접처리한다.

8

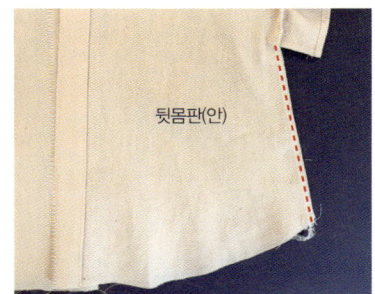

앞몸판과 뒷몸판의 겉면이 맞닿게 포개어 옆선을 박음질한다.

9

밑단프릴 위쪽에 4.5mm 땀수로 두 줄 (5mm, 15mm) 직선박기하여 주름을 잡는다.
몸판과 밑단프릴의 겉면이 맞닿게 포개어 박음질한 후, 시접처리한다.

10

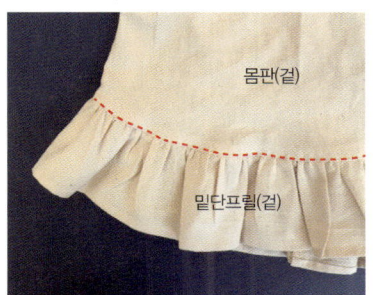

시접을 몸판 쪽으로 꺾어 다림질한 후, 겉면에서 2mm 안쪽으로 상침하여 고정한다.

11

뒤트임의 단춧구멍 위치에 단춧구멍을 만들고, 반대쪽에 단추를 달아 마무리한다.

11
루즈핏 티셔츠

난이도 ★★☆☆☆

준비물 20수 후라이스 원단, 시보리 원단,
니트용 봉제 바늘, 니트용 봉제사
실물크기패턴 F면

재단배치도

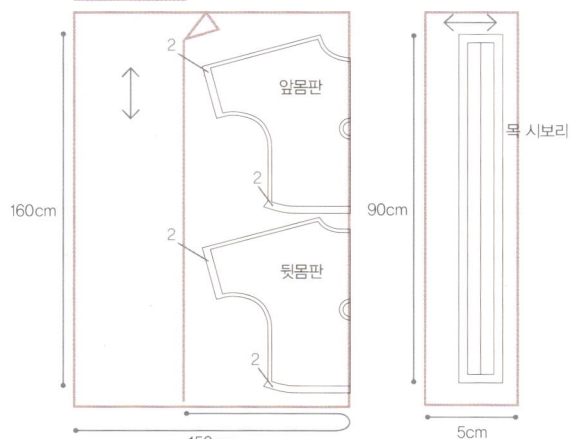

• 표시 외 시접은 1cm

Top & Outer
40p

사이즈별 원단 재단

아이 옷 사이즈	90	100	110	120	130
목시보리(시접 포함)	38 × 5cm	39 × 5cm	41 × 5cm	42 × 5cm	43 × 5cm

How To Make

1
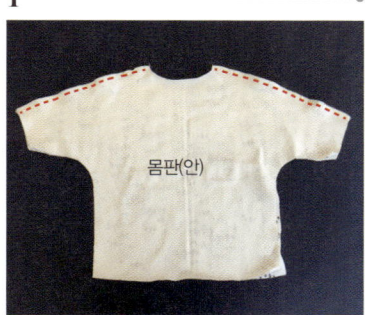

앞몸판과 뒷몸판을 겉면이 맞닿게 포개어 어깨선을 박음질한다.

2
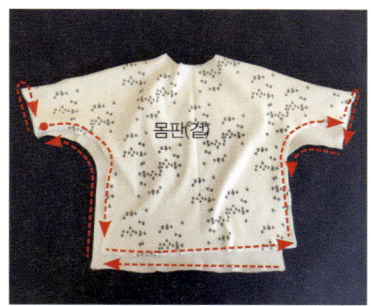

한쪽 소맷단에서 시작하여 암홀, 옆선, 밑단을 모두 둘러서 지그재그(오버로크)로 시접처리한다.

3
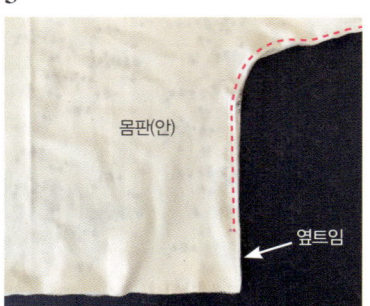

앞몸판과 뒷몸판을 겉면이 맞닿게 포개어 암홀과 옆선을 한 번에 박음질한다. 이때, 밑단 트임 위치에 맞추어 옆트임을 남기고 박음질한다.

4

소맷단을 안쪽에서 한 번 접어 박음질 한다.

5

옆선 시접을 가름솔하여 다림질하고, 옆트임을 'ㄷ'자로 박음질하여 고정한다.

6
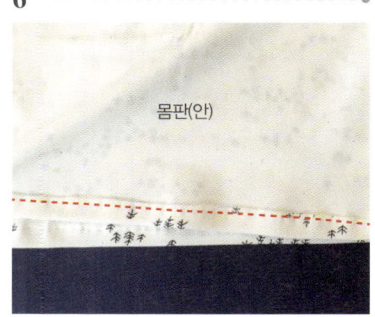
밑단을 안쪽에서 2cm로 한 번 접어 박음질한다.

7
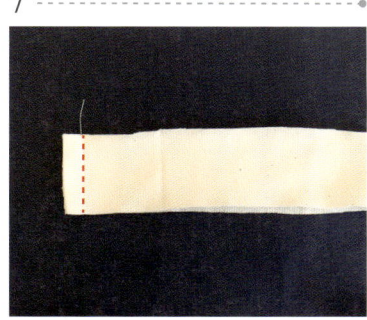
시보리 원단을 반으로 접은 후, 트인 부분을 박음질하여 가름솔한다.
시보리의 안쪽 면이 맞닿게 가로 방향으로 반으로 접어 준비한다.

8

시보리 원단과 몸판의 목선에 각각 앞뒤 중심과 좌우 옆중심을 표시한 후, 몸판 겉면에 시보리 겉면이 맞닿게 맞춰 고정한다.
TIP 시보리는 몸판의 목둘레보다 짧기 때문에 당기면서 재봉한다. 박음질 전에 맞지 않는 것은 당연하므로, 네 곳의 중심을 잘 잡아 고정하면 깔끔하게 마무리할 수 있다.

9
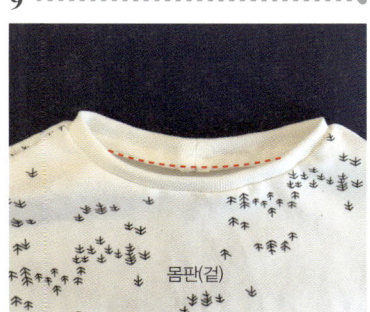
과정8의 상태에서 목선을 따라 1cm 안쪽으로 박음질한다.

10
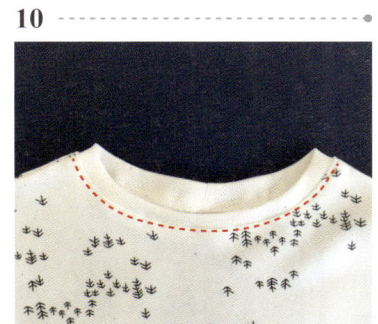
시보리 시접을 몸판 쪽으로 꺾어 다림질한 후, 겉면에서 2mm 안쪽으로 상침하여 마무리한다.

TIP 신축성이 있는 다이마루(편물) 원단을 재봉할 때는 니트용 봉제 바늘을 쓰고, 밑실로 니트용 봉제사를 사용하는 것이 좋다. 니트 원단은 재봉하면서 늘어나 울기 쉬우나, 스팀 다림질하면 원래 상태로 돌아온다.

응용 터틀넥티셔츠

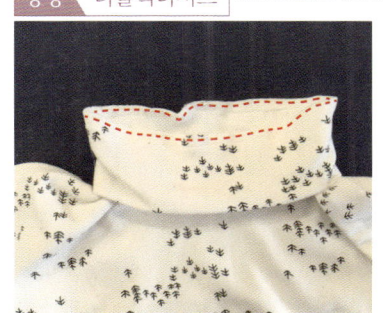
'루즈핏티셔츠 몸판'에 '터틀넥 목(실물패턴 F면)'을 결합하면 또 다른 티셔츠를 만들 수 있다.

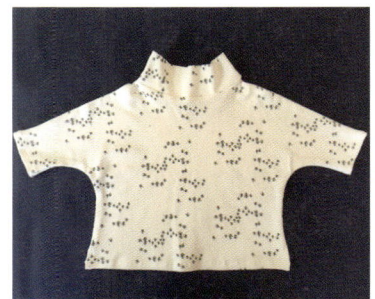
과정1~6을 똑같이 반복한 후, 과정 7~10의 시보리 부분을 터틀넥으로 바꿔 만들면 된다.

12
레이스 블라우스

| 난이도 | ★★★☆☆ |

준비물 면 레이스 원단, 접착심지, 단추
실물크기패턴 C면

재단배치도

겉감/안감

80cm
110cm

- 표시 외 시접은 1cm
- ▨ 접착심지 붙이는 곳

Top & Outer
42p

How To Make

1

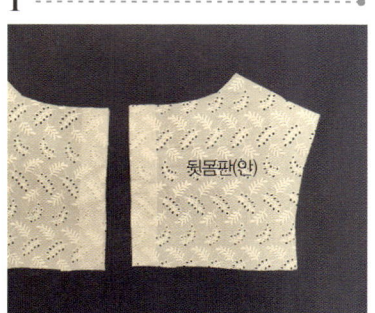

뒷몸판의 양쪽 트임 부분 안쪽 면에 3cm 너비의 접착심지를 붙인다.

2

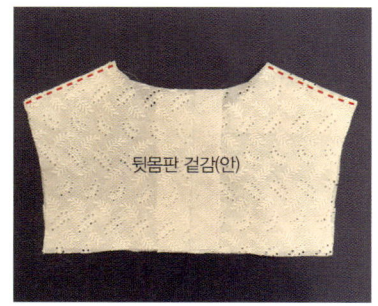

겉감 앞몸판과 뒷몸판을 겉면이 맞닿게 포개어 어깨선을 박음질한다.
안감도 같은 방법으로 어깨선을 박음질 하여 준비한다.

3

어깨를 가름솔하고, 몸판 안감과 겉감의 겉면이 맞닿게 포개어 양쪽 뒤트임과 목선을 박음질한다.

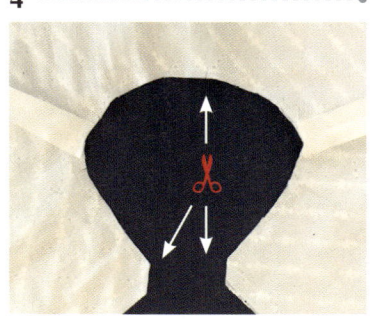

4

목선 시접의 곡선 부분에 가윗밥을 넣고, 모서리 시접을 잘라낸다.

5

몸판을 뒤집은 후, 다림질하여 시접을 정리한다.

6

뒤트임의 아랫부분이 3cm 포개지도록 놓고, 5mm 안쪽으로 박음질한다.

7

몸판프릴 위쪽에 4.5mm 땀수로 두 줄(5mm, 15mm) 직선박기하여 주름을 잡는다. 앞판과 뒤판 모두 주름 잡고, 주름을 잡은 후 길이가 몸판 밑단 길이와 같게 한다.

8

몸판프릴의 겉면과 몸판의 겉면이 맞닿게 포개어 박음질한 후, 시접처리한다. 시접을 몸판 쪽으로 꺾어 다림질한 후, 겉면에서 2mm 안쪽으로 상침하여 고정한다.

9

소매프릴 위쪽에 4.5mm 땀수로 두 줄(5mm, 15mm) 직선박기하여 주름을 잡는다. 주름을 잡은 후 길이가 몸판 암홀 길이와 같게 한다.

10

소매프릴 겉면과 몸판의 겉면이 맞닿게 포개어 박음질한 후, 시접처리한다.

11

몸판프릴 앞판과 뒷판의 겉면이 맞닿게 포개어 옆선을 박음질한 후, 시접처리한다.

12

뒤트임의 단춧구멍 위치에 단춧구멍을 만들고, 반대쪽에 단추를 달아 마무리한다.

13
칼라 조끼

난이도 ★★★☆☆

준비물 30수 면 원단, 3온스 패딩 면 원단, 단추
실물크기패턴 F면

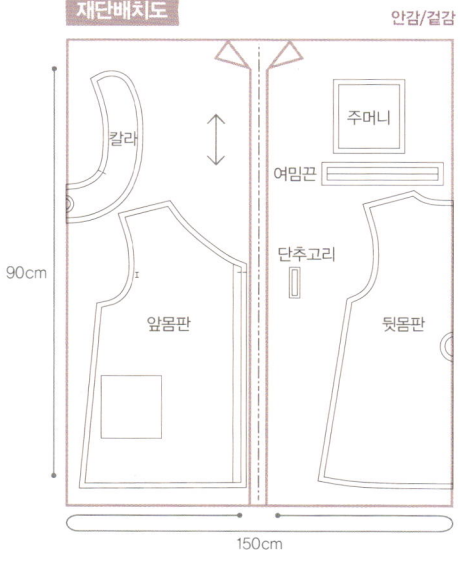

Top & Outer
44p

• 표시 외 시접은 1cm

How To Make

1

칼라의 안감과 겉감을 겉면이 맞닿게 포개어 바깥 테두리를 박음질한다.
TIP 패딩 원단을 사용할 때는 접착심지를 생략해도 좋다.

2

시접을 5mm만 남기고 잘라낸 후, 곡선 부분에 가윗밥을 넣는다.

3
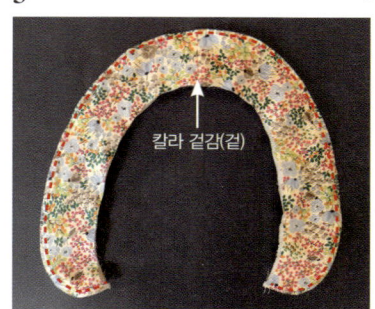

뒤집어서 다림질한 후, 바깥 테두리를 2mm 안쪽으로 상침한다.

4

주머니의 안감과 겉감을 겉면이 맞닿게 포갠 후, 5cm의 창구멍을 남기고 박음질한다.

5

주머니의 모서리를 잘라낸 후,

뒤집어서 다림질한다.

6

앞몸판의 겉면에 주머니를 올린 후, 좌, 우, 밑을 2mm 안쪽으로 박음질하여 주머니를 달아준다. 이때 주머니 입구 양 끝을 가로로 5mm 박음질하면 튼튼함을 더할 수 있다.

TIP 칼라조끼는 양면으로 입을 수 있어 겉면과 안쪽 면 어느 곳에 주머니를 달아도 된다.

7

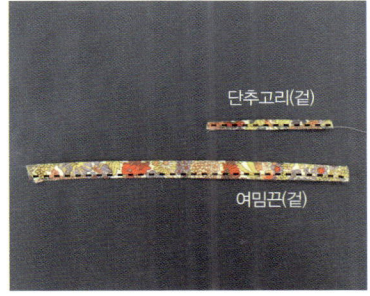

여밈끈 원단과 단추고리 원단을 총 4등분으로 접어 1mm 안쪽으로 상침하여 준비한다.

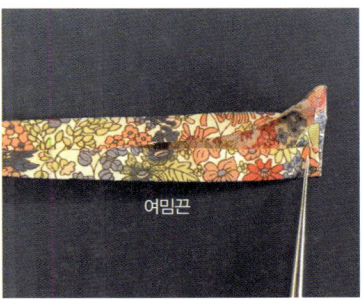

이때, 여밈끈은 한쪽 끝부분을 1cm 안쪽으로 접어 넣어 만들고, 단추고리는 접지 않는다.

8

앞몸판과 뒷몸판 겉감의 겉면이 맞닿게 포개어 어깨선을 박음질한다.
안감도 같은 방법으로 어깨선을 박음질한다.

9

몸판 안감의 겉면과 칼라 겉감의 겉면이 맞닿게 포개어 목선을 박음질한다.
앞몸판의 여밈끈 위치에 여밈끈을 하나씩 달아준다.

10

TIP 여밈끈은 끝에서 1cm 안쪽을 박음질한 후, 반대편으로 꺾어서 1cm 안쪽을 다시 상침하면 튼튼하게 고정할 수 있다.

11

단추고리를 반으로 접어 앞몸판 안감 한 쪽에 박음질하여 달아준다.

12

몸판의 겉감과 안감을 넓게 펼쳐서, 겉면이 맞닿게 포갠 후, 앞여밈과 목선을 박음질한다.

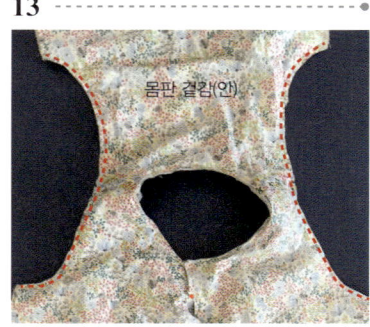

13

양쪽 암홀을 박음질한다.

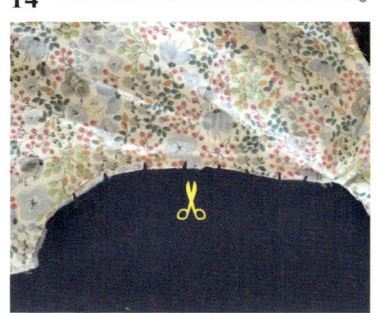

14

과정12~13에서 박음질한 목선과 암홀 시접의 곡선 부분에 가윗밥을 넣는다.

15

어깨를 통해 겉면이 밖으로 향하도록 옷을 뒤집는다.

16

바깥쪽 몸판 겉감을 거둬내고, 안감의 앞몸판과 뒷몸판의 겉면이 맞닿게 포개어 옆선을 박음질한다.
몸판 겉감도 같은 방법으로, 겉면이 서로 맞닿게 포개어 옆선을 박음질한다.

TIP 암홀이 어긋나지 않도록 주의한다.

17

밑단을 통해 안쪽 면이 밖으로 향하도록 뒤집어, 겉감과 안감의 겉면이 맞닿게 포갠 후, 밑단을 박음질한다. 이때, 10cm의 창구멍을 남기고 박는다.

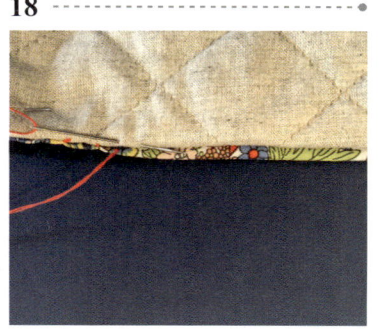

18

창구멍을 통해 옷을 뒤집은 후, 공그르기로 창구멍을 막는다.

19

단추를 달고, 다림질하여 마무리한다.

14
후드 망토

난이도 ★★★☆☆

준비물 면 또는 리넨 원단, 모자 안감 원단, 접착심지, 단추

실물크기패턴 G면

재단배치도

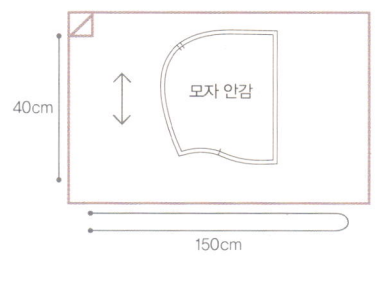

Top & Outer
46p

- 표시 외 시접은 1cm
- ▨ 접착심지 붙이는 곳

사이즈별 바이어스 재단

아이 옷 사이즈	90	100	110	120	130
바이어스	49 × 3cm	50 × 3cm	52 × 3cm	53 × 3cm	55 × 3cm

How To Make

1

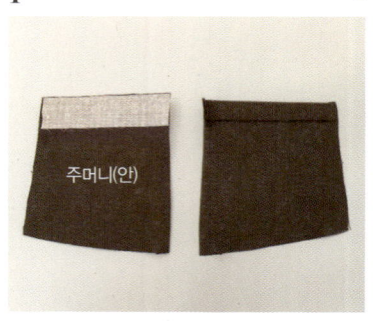

주머니 입구 안쪽 면에 3cm 너비의 접착심지를 붙인 후, 1cm, 2cm로 두 번 접어 다림질한다.

2

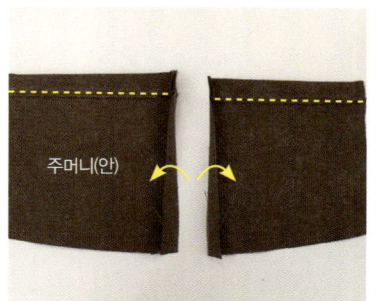

주머니 입구를 박음질하여 고정한 후, 직선으로 재단된 한쪽 면을 안쪽으로 1cm 접어 다림질한다.

3

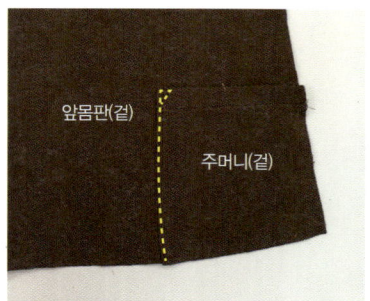

양쪽 앞몸판 겉면에 양쪽 주머니를 달아준다. 이때, 과정2에서 안쪽으로 접은 면만 2mm 안쪽을 박음질하여 달아준다.

TIP 주머니 입구 부분을 세모 형태로 박음질하면 더 튼튼히 달 수 있다.

4

뒷몸판의 겉면이 맞닿게 반으로 접은 후, 턱주름 위치의 턱주름을 박음질한다.

5

뒷몸판을 펼친 후, 턱주름을 다림질하고 5mm 안쪽으로 박음질한다.

6

소매단을 3cm, 3cm로 두 번 접어 다림질한다.

7

앞몸판의 여밈 부분 안쪽에 6cm 너비의 접착심지를 붙인 후, 3cm, 3cm로 두 번 접어 다림질한다.

8

앞몸판의 밑단 시접 2cm를 접어 다림질한 후,

펼쳐서 지그재그(오버로크)로 시접처리한다.

9

과정7에서 두 번 접었던 여밈을 바깥으로 한 번 꺾은 후, 밑단을 박음질하여 고정한다. 이때, 과정8에서 접었던 2cm 높이의 선에 맞추어 박음질한다.

10

트임 부분의 세 겹으로 겹친 시접을 가장 바깥 면만 남기고 박음선에서 5mm 지점을 잘라 정리한다.

11

뒷몸판의 겉면과 소매의 겉면이 맞닿게 포개어 어깨선을 박음질한 후, 시접처리한다.

12

앞몸판의 겉면과 소매의 겉면이 맞닿게 포개어 어깨선을 박음질한 후, 시접처리 한다.

13

소매통과 옆선을 한 번에 박음질한 후, 시접처리한다.

14

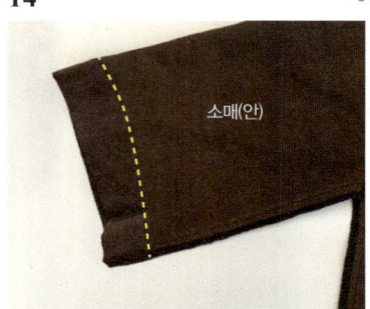

과정6에서 접은 선대로 소맷단을 박음질한다.

15

모자의 안감을 겉면이 맞닿게 포개어 바깥 테두리를 박음질한 후, 시접의 곡선 부분에 가윗밥을 넣는다.
모자 겉감도 같은 방법으로 준비한다.

16

모자의 안감과 겉감을 겉면이 맞닿게 포갠 후, 모자 앞부분을 박음질한다.

17

뒤집어 다림질한 후, 모자 앞부분을 겉면에서 2mm 안쪽으로 상침한다.

18

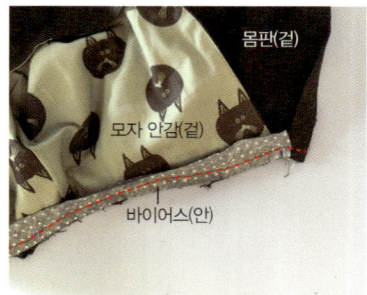

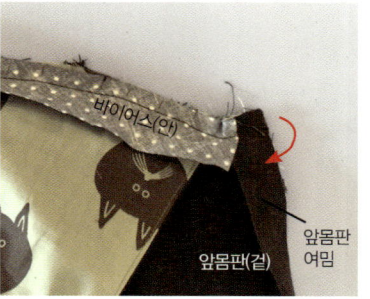

인바이어스로 목선을 박음질한다. 모자 겉감의 겉면과 몸판의 겉면이 맞닿게 중심과 맞춤점을 맞춰 포개고, 그 위에 바이어스의 겉면을 올려 ⅓지점을 박음질한다.

이때, 앞몸판 여밈을 겉면 쪽으로 한 번 꺾어서 바이어스의 시작과 끝부분을 함께 박는다.

19

시접의 곡선 부분에 가윗밥을 넣고, 몸판 안쪽에서 바이어스로 시접을 감싸게 접어 1mm 안쪽으로 박음질한다.
참고. 92p 인바이어스

20

앞여밈의 접힌 부분을 2mm 안쪽으로 박음질한다.

21

여밈의 단춧구멍 위치에 단춧구멍을 만들고, 반대쪽에 단추를 달아서 마무리한다.

15
더블 버튼 코트

난이도 ★★★★★

준비물 모직 원단, 안감 원단(폴리에스터), 접착심지, 장식단추, 똑딱단추
실물크기패턴 H면

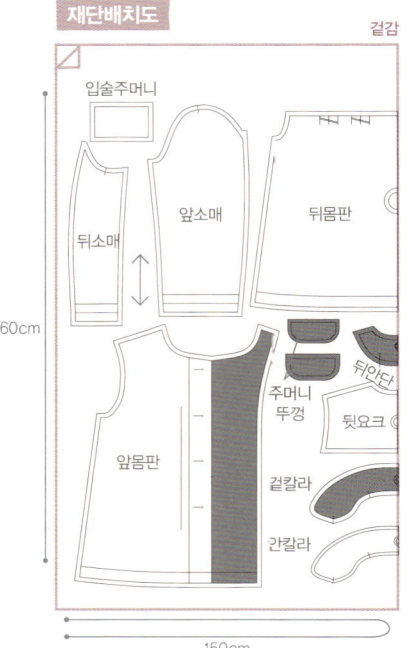

재단배치도
- 표시 외 시접은 1cm
- ▓ 접착심지 붙이는 곳

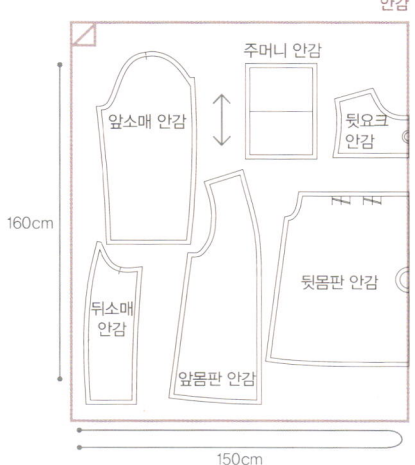

How To Make

1

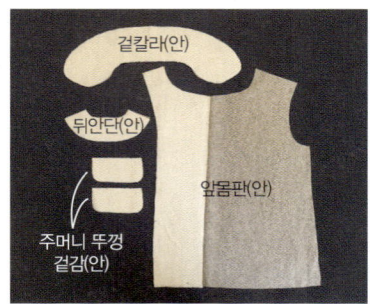

겉칼라, 앞판의 앞안단 부분(2장), 주머니뚜껑 겉감(2장), 뒤안단 안쪽 면에 접착심지를 붙인다.

2

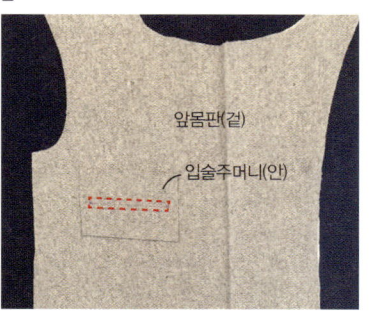

앞몸판 겉면에 입술주머니를 달아준다. 먼저 앞몸판 겉면에 입술주머니의 겉면이 맞닿게 포갠 후, 주머니 입구를 박음질한다.

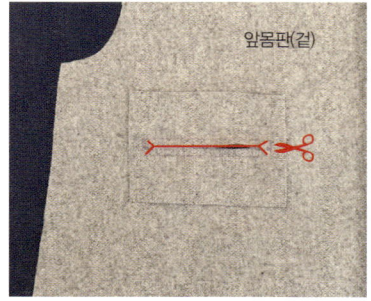

입술주머니의 중심을 자른다. 이때, 양 끝은 Y자 형태로 자르고, 앞몸판까지 함께 자른다.

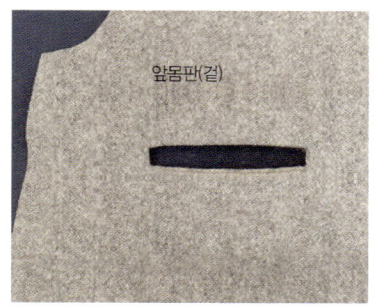

잘라낸 구멍을 통해 입술주머니 원단을 안쪽으로 모두 밀어 넣는다.

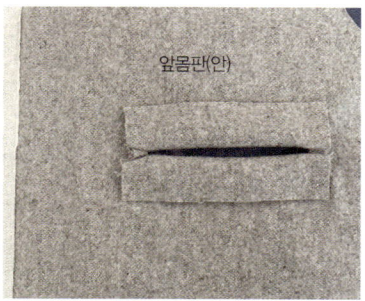

안쪽 면으로 넘긴 입술주머니 원단이 입술모양이 되도록 정리하여 다림질한다.

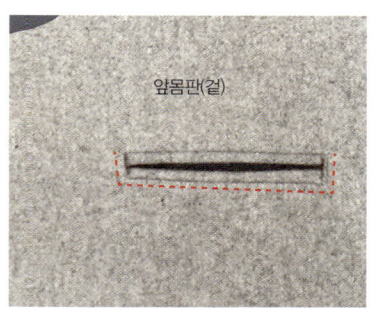

겉면에서 다시 다림질한 후, 좌, 우, 밑을 2mm 안쪽으로 상침하여 고정한다.

3
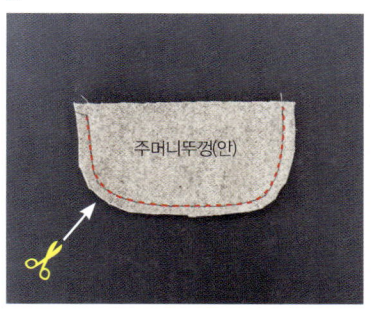

주머니뚜껑 2장을 겉면이 맞닿게 포개어 좌, 우, 밑을 박음질한 후, 시접의 곡선 부분에 가윗밥을 넣는다.

4

뒤집어서 다림질한 후, 좌, 우, 밑을 5mm 안쪽으로 상침하여 고정한다.

5

주머니뚜껑의 윗부분을 지그재그(오버로크)로 시접처리한다.

6

주머니뚜껑을 입술주머니 구멍에 끼워 넣고,

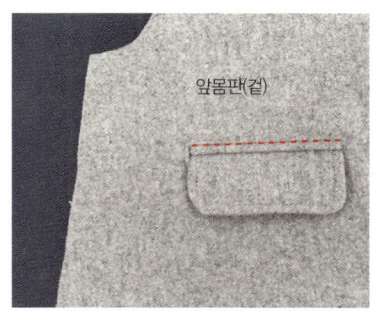

윗부분을 2mm 안쪽으로 박음질하여 뚜껑을 달아준다.

7

주머니 안감을 달아준다.
먼저 앞몸판 안쪽에서 주머니 안감의 윗선을 입술주머니의 윗부분과 연결한다.

TIP 주머니 안감과 입술주머니 원단만 연결되도록 한다.

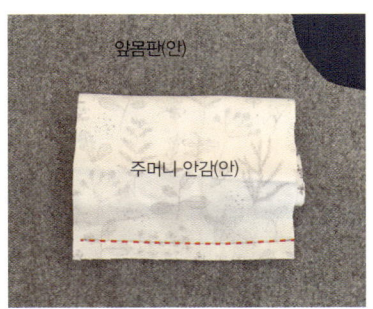

주머니 안감의 아랫선을 입술주머니의 아랫부분과 연결하여 박음질한다.

8

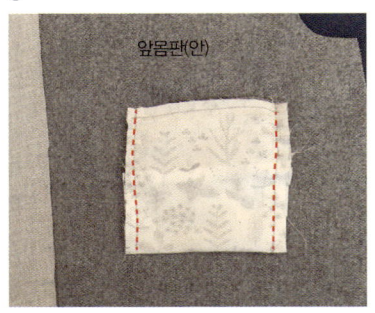

주머니 안감의 양 옆선을 박음질한다. 윗부분은 입술주머니와 함께 박음질하고, 아랫부분은 안감끼리 한 번에 이어 박는다.

9

앞몸판 안감의 겉면과 앞몸판 겉감의 겉면이 맞닿게 포개어 박음질한다. 이때, 어깨점을 맞추어 놓고 박음질을 시작해, 아래 1cm를 남기고 박는다.

10

앞몸판 안감과 겉감의 이음 시접을 안감 쪽으로 접어 다림질하고, 안쪽 면이 맞닿게 전체를 반으로 접어 다림질한다.

11

뒷몸판 겉감의 턱주름을 접어 박음질한 후, 다림질한다.

12

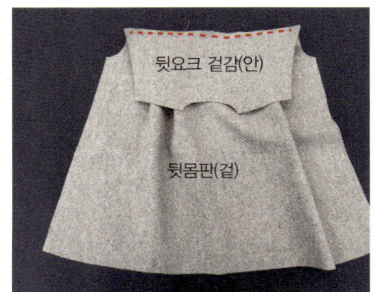

뒷몸판 겉감의 겉면과 뒷요크 겉감의 겉면이 맞닿게 포개어 박음질한다.

13

시접을 뒷요크 쪽으로 꺾어 다림질한다.

14

뒷요크의 안감과 뒤안단의 겉면이 맞닿게 겹쳐서 박음질한 후, 시접을 뒷요크 안감 쪽으로 꺾어 다림질한다.

15

뒷몸판 안감의 턱주름을 접어 박음질한다.

16

뒷몸판 안감의 겉면과 뒷요크 안감의 겉면이 맞닿게 포개어 박음질한다.

17

앞몸판과 뒷몸판의 어깨선을 박음질한다. 안감은 안감끼리 겉면이 마주하도록, 겉감은 겉감끼리 겉면이 포개어 박음질한다.

18

앞몸판과 뒷몸판의 옆선을 박음질한다. 안감은 안감끼리 겉면이 마주하도록, 겉감은 겉감끼리 겉면이 맞닿게 포개어 박음질한다.

19

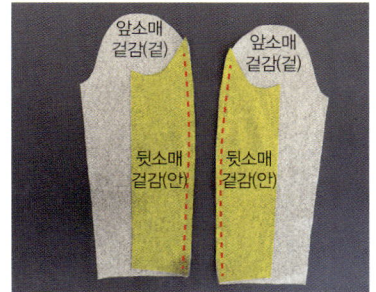

소매 겉감의 앞소매와 뒷소매를 겉면이 맞닿게 포개어 박음질한다.

20

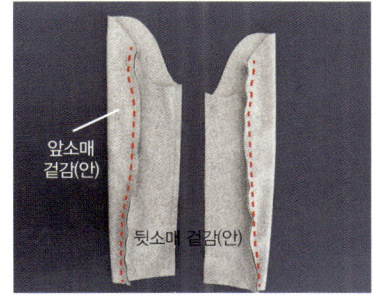

앞소매와 뒷소매의 소매통을 박음질하여, 소매 겉감을 원통형으로 만든다. 소매의 시접은 모두 가름솔하여 다림질한다.

21

소매 안감도 같은 방법(과정19~20)으로 박음질하여 준비한다.

22

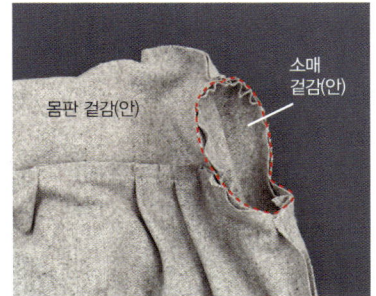

몸판 겉감의 겉면과 소매 겉감의 겉면이 맞닿게 소매를 몸판 사이에 끼워 넣고 박음질한다.

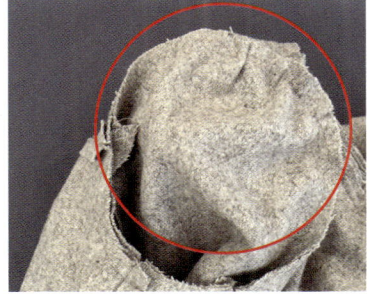

이때, 소매산 중심과 몸판 어깨 중심을 맞추고 나머지 맞춤점에 유의하여 박음질한다.

TIP 소매 길이가 진동 길이보다 길기 때문에 소매산에 살짝 주름을 잡아놓고 박음질하면 편하다.

23

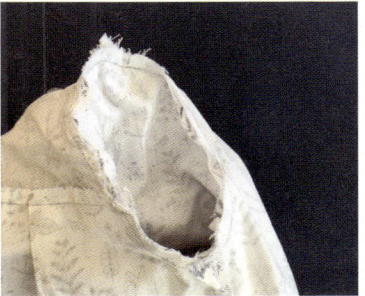

몸판의 안감과 소매 안감도 같은 방법(과정22)으로 연결한다.

24

겉칼라와 안칼라의 겉면이 맞닿게 포갠 후, 바깥 테두리를 박음질한다.

25
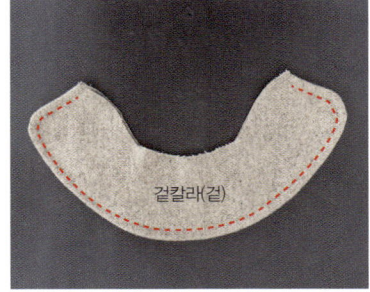
시접의 곡선 부분에 가윗밥을 넣고 뒤집어서 다림질한 후, 5mm 안쪽으로 상침한다.

26

몸판의 맞춤점에 칼라의 시작점을 맞추고, 뒷요크 겉감 중심에 칼라의 중심을 맞춰 고정한 후, 5mm 시접으로 칼라를 코트에 달아준다.

27
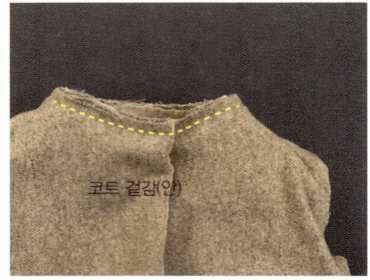
코트 겉감의 겉면과 안감의 겉면이 맞닿게 포개어 목선을 박음질한다.

28
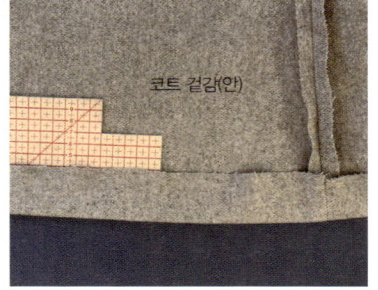
코트 겉감의 밑단 시접 4cm를 접어 다림질한다.

29

앞몸판 모서리 두 겹의 시접 중 안쪽 시접을 1cm만 남기고 잘라낸다.

30
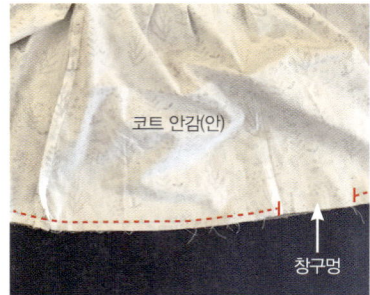
코트 겉감의 겉면과 안감의 겉면이 맞닿게 포갠 후, 밑단을 맞춰 박음질한다. 이때, 15cm의 창구멍을 남긴다.

31

단, 앞몸판의 양 모서리 부분은 과정28에서 다림질한 선에 맞추어 박음질한다.

밑단 창구멍을 통해 겉면이 밖으로 향하게 뒤집은 후, 앞몸판의 모서리 시접을 정리하고 앞몸판의 밑단 모서리를 공그르기한다.

32

밑단 창구멍으로 소매의 안감과 겉감을 꺼낸다.

33

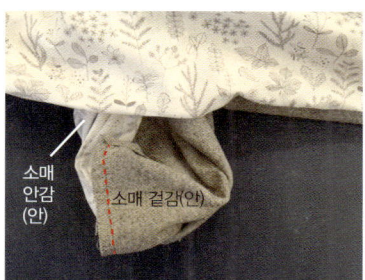

소매 겉감의 겉면과 소매 안감의 겉면이 맞닿게 포개어 끝에서 1cm 안쪽을 둘러 박음질한다.

TIP 소매를 밑단 창구멍으로 빼낸 상태에서 안감 끝을 3cm 정도 접어 올린다. 그 상태로 소매가 서로 악수하듯 안감을 겉감 속에 끼워 넣으면 소매를 쉽게 연결할 수 있다.

34

소매를 넣고 창구멍을 공그르기로 막는다.

35

여밈의 단추 위치에 똑딱단추를 손바느질로 달아준다.

36

앞몸판 겉면에 장식단추를 달아 마무리한다.

16
칼라 양면 자켓

난이도 ★★★★☆

준비물 면 원단, 3온스 패딩 원단, 접착심지, 가시도트

실물크기패턴 G면

재단배치도 — 겉감 / 안감

160cm / 150cm

- 표시 외 시접은 1cm
- 접착심지 붙이는 곳

Top & Outer
52p

How To Make

1

칼라의 안감과 겉감을 겉면이 맞닿게 포개어 바깥 테두리를 박음질한다.

2
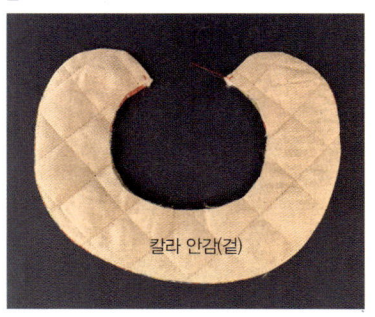
시접의 곡선 부분에 가윗밥을 넣은 후, 뒤집어서 다림질한다.

3

앞몸판과 뒷몸판의 안쪽 면 주머니 위치에 1cm 너비의 접착심지를 붙인다.

4
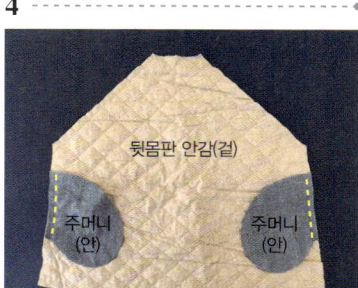
뒷몸판 안감의 겉면에 주머니의 겉면이 맞닿게 주머니를 올리고 입구(끝에서 1cm)를 박음질한다. 이때, 시작과 끝을 1cm 남기고 박음질한다.

5
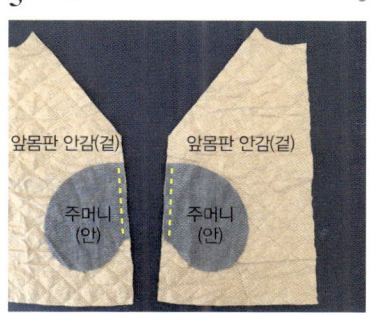
앞몸판 안감의 겉면에 주머니의 겉면이 맞닿게 주머니를 올리고 입구(끝에서 0.7cm)를 박음질한다. 이때, 시작과 끝을 1cm 남기고 박음질한다.

6

뒷몸판 안감과 소매 안감을 겉면이 맞닿게 포개어 어깨선을 박음질한다. 이때, 시작과 끝을 1cm 남기고 박음질한다.

7
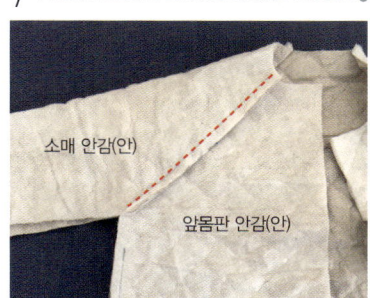
앞몸판 안감과 소매 안감을 겉면이 맞닿게 포개어 어깨선을 박음질한다. 이때, 시작과 끝을 1cm 남기고 박음질한다.

8

앞몸판 안감과 뒷몸판 안감의 겉면이 맞닿게 포개어 소매통과 옆선을 한 번에 박음질한다. 이때, 과정6~7에서 박음질한 시접은 가름솔하고, 주머니 부분은 박음질하지 않는다.

9

주머니의 겉면이 맞닿게 포개어 입구를 제외한 테두리를 박음질한다.

옷을 뒤집어 겉면에서 주머니 입구를 가로로 5mm 상침하면 주머니를 더 튼튼하게 사용할 수 있다.

10

과정6~8을 반복하여 겉감의 어깨선, 옆선, 소매통, 주머니를 박음질한다.

11
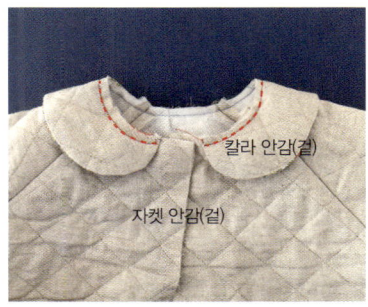
자켓 안감의 겉면과 칼라 겉감의 겉면이 맞닿게 중심과 맞춤점을 맞춰 고정한 후, 5mm 안쪽으로 박음질하여 칼라를 자켓에 달아준다.

12

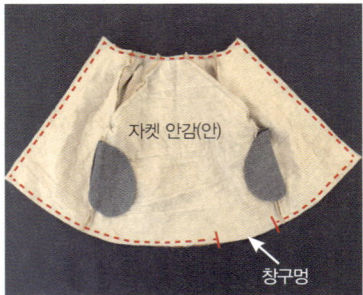

자켓 겉감의 겉면과 안감의 겉면이 맞닿게 포개어, 목선, 여밈, 밑단을 박음질한다. 이때, 밑단에 15cm의 창구멍을 남기고 박음질한다.

13

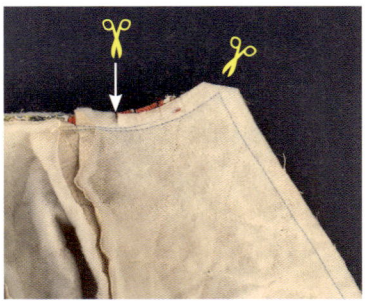

앞몸판의 모서리 시접을 잘라내고, 목선 시접의 곡선 부분에 가윗밥을 넣는다.

14

밑단 창구멍을 통해 옷을 뒤집은 후, 다림질한다.

15

밑단 창구멍으로 소매의 안감과 겉감을 꺼낸다.

16

소매 겉감의 겉면과 소매 안감의 겉면이 맞닿게 포개어 끝에서 1cm 안쪽을 둘러 박음질한다.

TIP 소매를 밑단 창구멍으로 빼낸 상태에서 안감 끝을 3cm 정도 접어 올린다. 그 상태로 소매끼리 서로 악수하듯 안감을 겉감 속에 끼워 넣으면 소매를 쉽게 연결할 수 있다.

17

소매를 넣고, 창구멍을 공그르기로 막는다.

18

여밈의 단추 위치에 가시도트를 달아 마무리한다.

17
요정 자켓

난이도 ★★★★☆

준비물 면 원단
  접착심지, 단추
실물크기패턴 F면

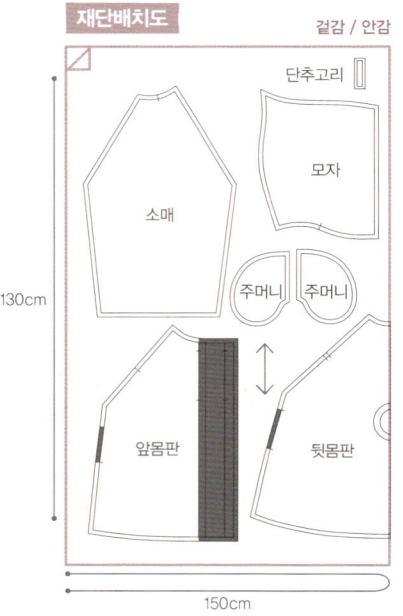

- 표시 외 시접은 1cm
- ▬ 접착심지 붙이는 곳

How To Make

1

모자의 겉감을 겉면이 맞닿게 포개어 바깥 테두리를 박음질한다.

2

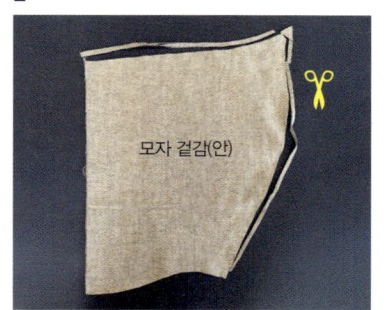

시접을 5mm만 남기고 잘라낸 후, 곡선 부분에 가윗밥을 넣는다.

3

모자의 안감도 같은 방법(과정1~2)으로 준비한다.

4

모자의 안감과 겉감을 겉면이 맞닿게 포개 후, 모자 앞부분을 박음질한다.

5

뒤집어 다림질한 후, 모자 앞부분을 겉면에서 2mm 안쪽으로 상침한다.

6

앞몸판 안감의 여밈 부분(2장), 앞몸판과 뒷몸판의 안감(각 2장) 주머니 위치 안쪽 면에 접착심지를 붙인다.

7

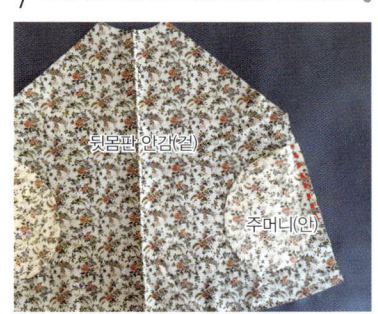

뒷몸판 안감의 겉면에 주머니의 겉면이 맞닿게 주머니를 올리고 입구(끝에서 1cm)를 박음질한다. 이때, 시작과 끝을 1cm 남기고 박음질한다.

8

앞몸판 안감의 겉면에 주머니의 겉면이 맞닿게 주머니를 올리고 입구(끝에서 0.7cm)를 박음질한다. 이때, 시작과 끝을 1cm 남기고 박음질한다.

9

뒷몸판 안감과 소매 안감을 겉면이 맞닿게 포개어 어깨선을 박음질한다. 이때, 시작과 끝을 1cm 남기고 박음질한다.

10

앞몸판 안감과 소매 안감을 겉면이 맞닿게 포개어 어깨선을 박음질한다. 이때, 시작과 끝을 1cm 남기고 박음질한다.

11

앞몸판 안감과 뒷몸판 안감의 겉면이 맞닿게 포개어 소매통과 옆선을 한 번에 박음질한다. 이때, 과정9~10에서 박음질한 시접은 가름솔하고, 주머니 부분은 박음질하지 않는다.

12

주머니의 겉면이 맞닿게 포개어 입구를 제외한 테두리를 박음질한다.

TIP 옷을 뒤집어 겉면에서 주머니 입구를 가로로 5mm 상침하면 주머니를 더 튼튼하게 사용할 수 있다.

13

과정9~12를 반복하여 겉감의 어깨선, 옆선, 소매통, 주머니를 박음질한다.

14

모자 겉감의 겉면과 자켓의 겉면이 맞닿게 중심과 맞춤점을 맞춰 고정한 후, 5mm 안쪽으로 박음질하여 모자를 달아준다.

15

단추고리를 총 4등분으로 접어 1mm 안쪽으로 상침한다.

16

단추고리를 반으로 접어 자켓 안감의 겉면(왼쪽 여밈 모서리)에 올려 박음질한다. 이때, 접힌 면이 안쪽으로 가게 한다.

17

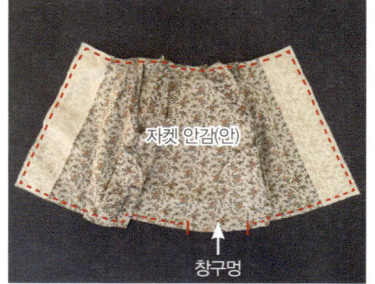

모자를 몸판으로 넘긴 상태에서 자켓 겉감의 겉면과 안감의 겉면이 맞닿게 포개어, 목선, 여밈, 밑단을 박음질한다. 이때, 밑단에 15cm의 창구멍을 남기고 박음질한다.

18

앞몸판의 모서리 시접을 잘라내고, 목선 시접의 곡선 부분에 가윗밥을 넣는다.

19

밑단 창구멍을 통해 옷을 뒤집은 후, 다림질한다.

20

밑단 창구멍으로 소매의 안감과 겉감을 꺼낸다.

21

소매 겉감의 겉면과 소매 안감의 겉면이 맞닿게 포개어 끝에서 1cm 안쪽을 둘러 박음질한다.

TIP 소매를 밑단 창구멍으로 빼낸 상태에서 안감 끝을 3cm 정도 접어 올린다. 그 상태로 소매끼리 서로 악수하듯 안감을 겉감 속에 끼워 넣으면 소매를 쉽게 연결할 수 있다.

22

소매를 넣고, 창구멍을 공그르기로 막는다.

23

자켓 안감에 단추를 달아준다.

24

겉감 여밈의 단춧구멍 위치에 단춧구멍을 만들고, 반대쪽에 단추를 달아서 마무리한다.

18
샤 스커트

난이도	★★☆☆☆

준비물 샤 원단, 바이어스 원단, 리본 원단, 고무줄

재단배치도

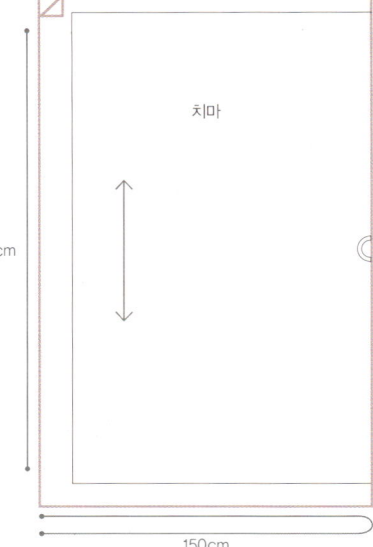

70cm / 150cm / 치마

• 시접 없음

Pants & Skirt
58p

사이즈별 원단 재단

아이 옷 사이즈	90	100	110	120	130
샤 원단	127 × 46cm	132 × 50cm	137 × 54cm	142 × 58cm	147 × 62cm
바이어스	61 × 5cm	65 × 5cm	69 × 5cm	73 × 5cm	77 × 5cm
리본(시접 포함)	30 × 5cm				

• 샤 원단과 바이어스는 시접 제외한 재단 사이즈로, 시접 없이 재단. 리본은 시접 포함.

How To Make

1

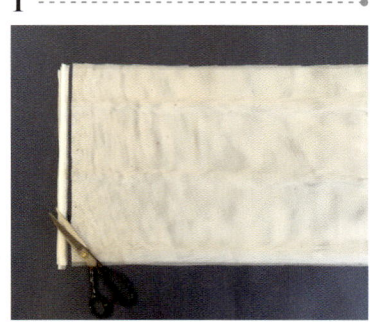

샤 원단을 총 8장 재단한다.
TIP 샤 원단을 재단할 때는 4장씩 포개어 로터리칼을 이용하여 재단하면 편하다.

2

재단한 치맛감 4장을 포갠 후, 양 옆선을 박음질한다.

3

치마의 위쪽에 손주름으로 주름을 잡아 핀으로 고정한다. 주름을 잡은 후 길이가 바이어스 허릿단의 길이와 같게 한다.
TIP 주름이 규칙적이지 않아도 자연스러운 느낌이 연출된다.

4

손주름 잡은 부분을 박음질하여 고정한다. 같은 방법으로 나머지 4장의 치맛감도 옆선을 연결하고 주름 잡는다.

5

바이어스 원단을 양 끝이 중심에 만나게 3등분으로 접은 후, 다림질하여 준비한다.

6

2개의 스커트를 겹쳐서 치마 형태를 잡은 후, 치마 겉면과 바이어스 겉면이 맞닿게 포개어 바이어스의 ⅓지점을 박음질한다.

7

이때, 고무줄을 넣을 수 있도록 바이어스 시작과 끝을 안쪽으로 각각 1cm씩 접어 박음질한다.

바이어스를 위로 접어 올린 후, 2mm 안쪽으로 상침하여 마무리한다.
참고. 92p 인바이어스

8

아이의 허리에 맞게 고무줄을 끼우고, 고무줄 끝을 겹쳐 박아 고정한다.

9

리본을 만들어 허리 위에 달아준다.

10

치마 밑단을 정리해 마무리한다.

19
큐롯 팬츠

난이도 ★☆☆☆☆

준비물 면 또는 리넨 원단, 고무줄
실물크기패턴 C면

재단배치도

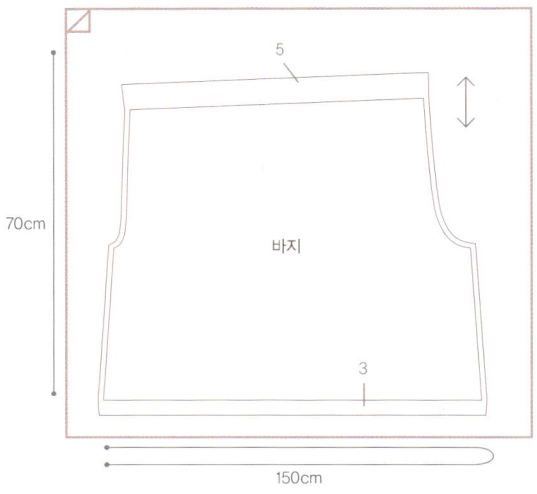

• 표시 외 시접은 1cm

Pants & Skirt
62p

How To Make

1
2장의 원단을 겉면이 맞닿게 포개어 밑위를 박음질한 후, 시접처리한다.

2
밑위가 가운데로 오도록 돌려 바지 형태를 만든 후, 바지통을 박고 시접처리한다.

3
밑단을 안쪽에서 1cm, 2cm로 두 번 접어 다림질한 후, 박음질한다.

4

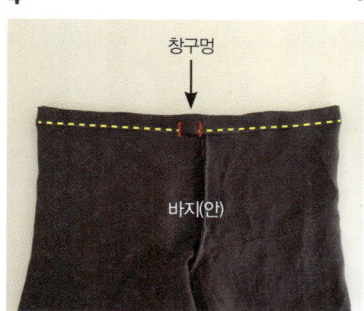

허릿단을 안쪽에서 2cm, 3cm로 두 번 접어 다림질한 후, 박음질한다. 이때, 4cm의 창구멍을 남기고 박음질한다.

5

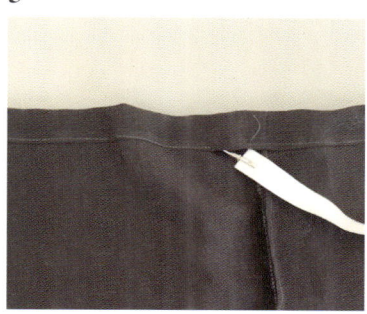

아이의 허리에 맞게 고무줄을 끼우고 고무줄 끝을 겹쳐 박아 고정한다.

창구멍을 박음질하여 마무리한다.

20
기본 스커트

난이도 ★☆☆☆☆

준비물 면 또는 리넨 원단, 고무줄

재단배치도

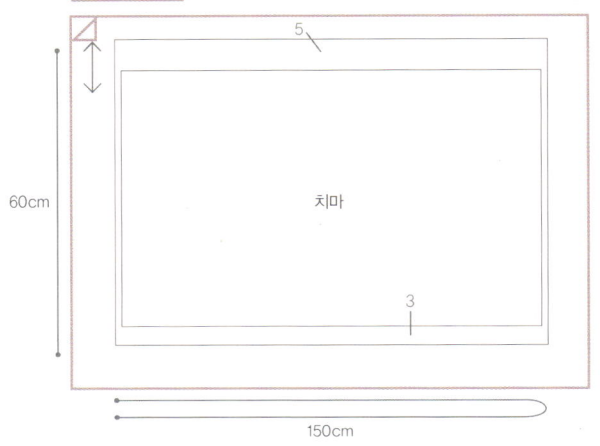

• 표시 외 시접은 1cm

Pants & Skirt
64p

사이즈별 원단 재단

아이 옷 사이즈	90	100	110	120	130
치마 원단	58 × 32cm	60 × 35cm	62 × 38cm	64 × 41cm	67 × 44cm

• 시접 제외한 재단 사이즈로, 시접은 재단배치도 참고.

How To Make

1

치마의 앞판, 뒤판을 겉면이 맞닿게 포개어 양 옆선을 박음질한 후, 시접처리 한다.

2

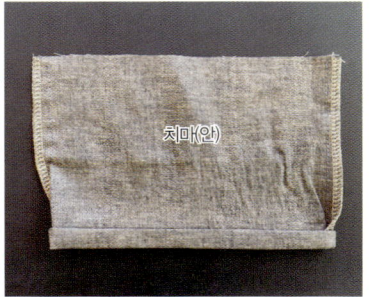

밑단을 안쪽에서 1cm, 2cm로 두 번 접어 다림질한다.

3

접은 선에 맞춰 밑단을 박음질한다.

4

허릿단을 안쪽에서 2cm, 3cm로 두 번 접어 다림질한다.

5

허릿단을 박음질한다. 이때, 4cm의 창구멍을 남기고 박음질한다.

6

아이의 허리에 맞춰 고무줄을 넣는다.

고무줄 끝을 겹쳐 박아 고정한다.

7

창구멍을 박음질하여 마무리한다.

21
고어 스커트

난이도 ★☆☆☆☆

준비물 면 또는 리넨 원단, 고무줄
실물크기패턴 A면

재단배치도

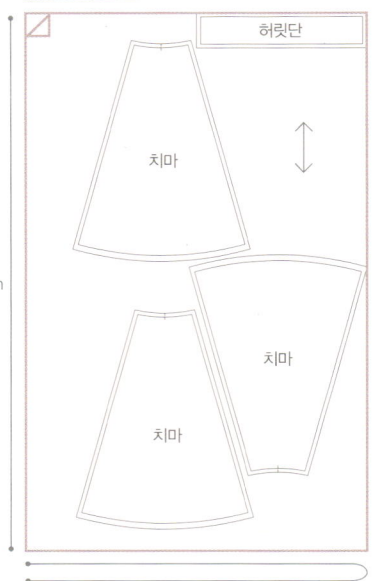

Pants & Skirt
66p

• 표시 외 시접은 1cm

How To Make

1

재단한 6장의 치마 조각을 겉면이 맞닿게 포개어 옆선을 이어 박은 후, 시접처리한다.

TIP 사선으로 자른 옆면이 늘어날 수 있으니 늘어지지 않도록 조심하여 박음질한다.

2

밑단을 지그재그(오버로크)로 시접처리한다.

3

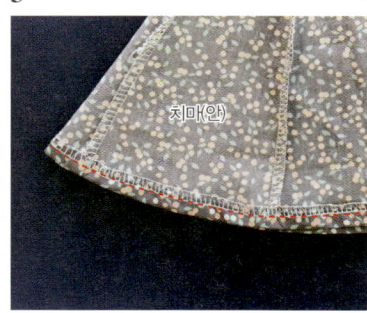

밑단을 안쪽에서 1.5cm로 한 번 접어 다림질한 후, 박음질한다.

4

허릿단을 겉면이 맞닿게 포개어 양 옆선을 1cm 안쪽으로 박음질한다.

5

허릿단을 안쪽 면이 맞닿게 가로 방향으로 반으로 접는다.

6

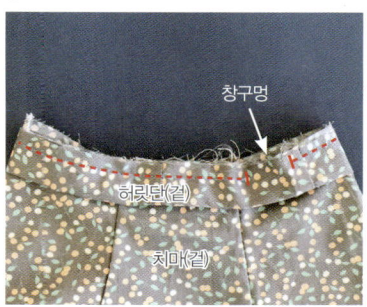

치마의 겉면이 밖으로 보이게 한 후, 허릿단의 트인 부분이 치마 윗부분과 맞닿게 덮어씌워 포갠다.

4cm의 창구멍을 남기고, 1cm 안쪽으로 박음질하여 허릿단과 치마를 연결한다.

7

아이의 허리에 맞게 고무줄을 끼우고, 고무줄 끝을 겹쳐 박아 고정한다.

8

창구멍을 박음질한 후, 허릿단과 몸판 연결선을 시접처리하여 마무리한다.

22
베이직 팬츠

난이도 ★☆☆☆☆

준비물 면 또는 리넨 원단, 고무줄
실물크기패턴 A면

재단배치도

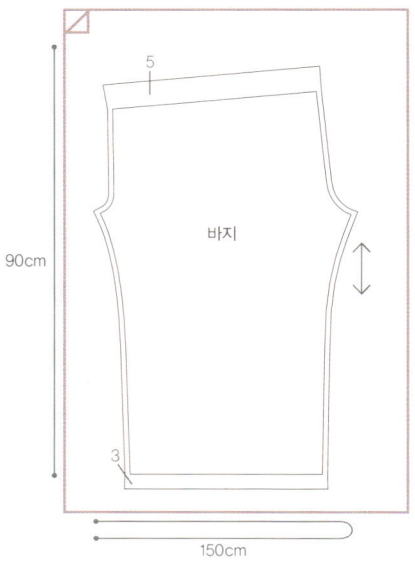

• 표시 외 시접은 1cm

Pants & Skirt
68p

How To Make

1

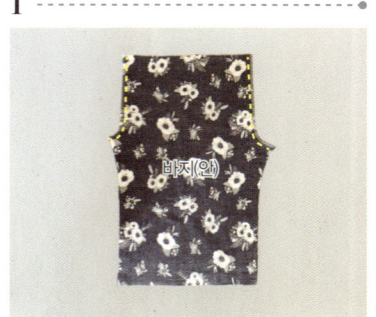

2장의 원단을 겉면이 맞닿게 포개어 밑위를 박음질한 후, 시접처리한다.

2

밑위가 가운데로 오도록 돌려 바지 형태를 만든 후, 바지통을 박고 시접처리한다.

3

허릿단을 안쪽에서 2cm, 3cm로 두 번 접어 다림질한 후, 박음질한다. 이때, 4cm의 창구멍을 남기고 박음질한다.

4

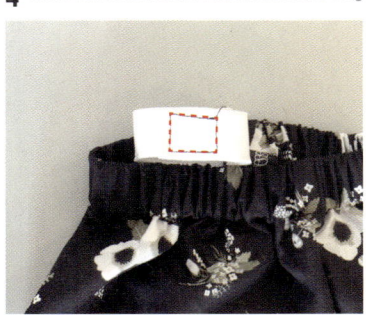

아이의 허리에 맞게 고무줄을 끼우고 고무줄 끝을 겹쳐 박아 고정한다.

5

창구멍을 박음질한다.

6

밑단을 안쪽에서 1cm, 2cm로 두 번 접어 다림질하고, 박음질하여 마무리한다.

23
레깅스

난이도 ★☆☆☆☆

준비물 다이마루 원단,
고무줄, 니트용 봉제바늘, 니트용 봉제사
실물크기패턴 C면

재단배치도

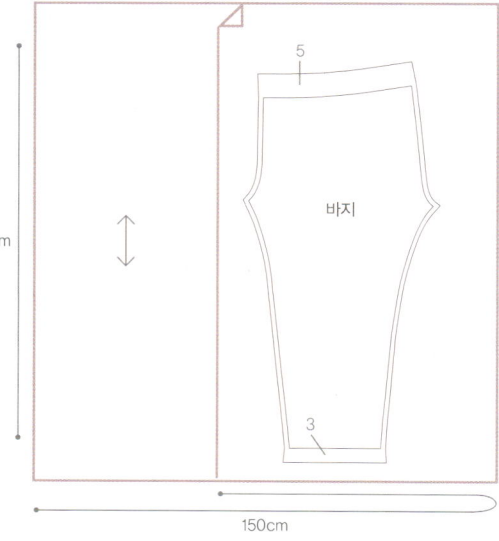

• 표시 외 시접은 1cm

Pants & Skirt
70p

How To Make

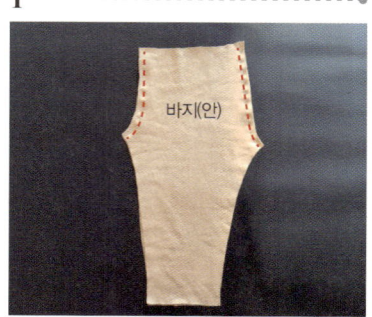

1
2장의 원단을 겉면이 맞닿게 포개어 밑위를 박음질한 후, 시접처리한다.

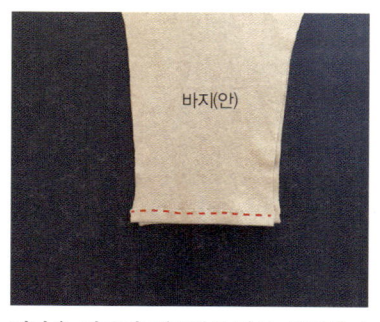

2
밑단을 지그재그(오버로크)로 시접처리한 후, 안쪽에서 한 번 접어 박음질한다.

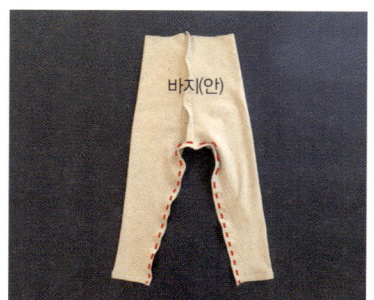

3
밑위가 가운데로 오도록 돌려 바지 형태를 만든 후, 바지통을 박음질하고 시접처리한다. 이때, 밑단의 시접은 입었을 때 뒤로 가게 한다.

4	5	6
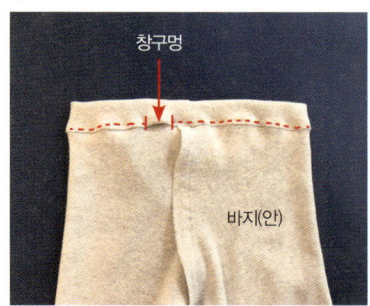		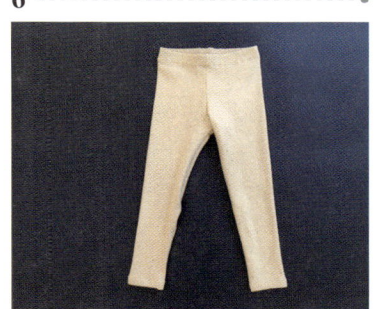

허릿단을 안쪽에서 2cm, 3cm로 두 번 접은 후 박음질한다. 이때, 4cm의 창구멍을 남기고 박음질한다.

아이의 허리에 맞게 고무줄을 끼우고 고무줄 끝을 겹쳐 박아 고정한다.

창구멍을 박음질하여 마무리한다.

TIP 신축성이 있는 다이마루(편물) 원단을 재봉할 때는 니트용 봉제 바늘을 쓰고, 밑실로 니트용 봉제사를 사용하는 것이 좋다. 니트 원단은 재봉하면서 늘어나 울기 쉬우나, 스팀 다림질하면 원래 상태로 돌아온다.

24
플레어 팬츠

| 난이도 | ★★★☆☆ |

준비물 데님 스판 원단, 접착심지, 고무줄, 30수 코아사
실물크기패턴 E면

재단배치도

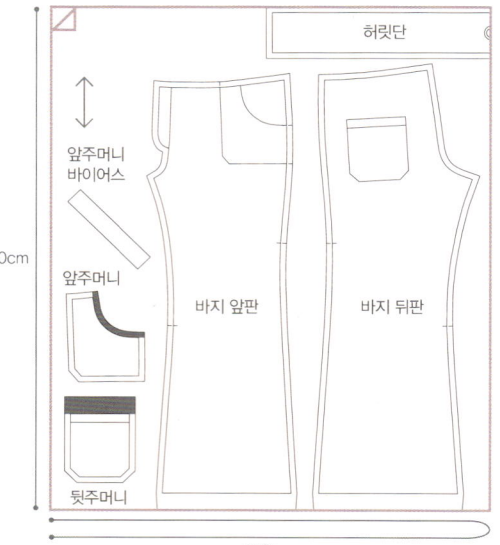

- 표시 외 시접은 1cm
- ▬▬ 접착심지 붙이는 곳

Pants & Skirt
72p

How To Make

1

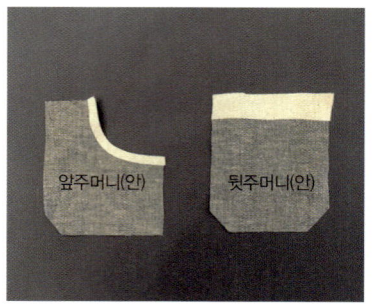

앞주머니와 뒷주머니의 입구 안쪽 면에 각 1cm, 3cm 너비의 접착심지를 붙인다.

2

뒷주머니의 입구를 안쪽에서 1cm, 2cm 로 두 번 접어 다림질한 후, 박음질한다.

TIP 5mm 간격을 두고, 두 줄로 박음질해도 좋다.

3

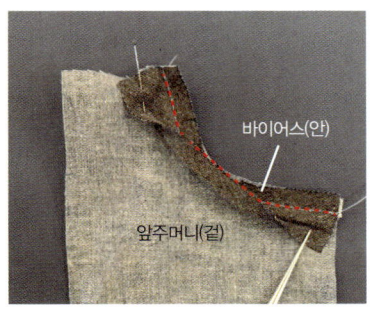 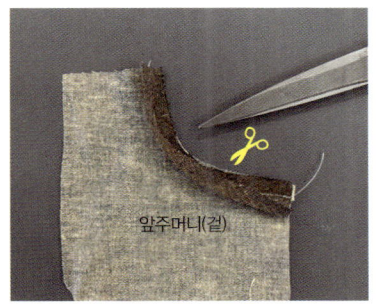 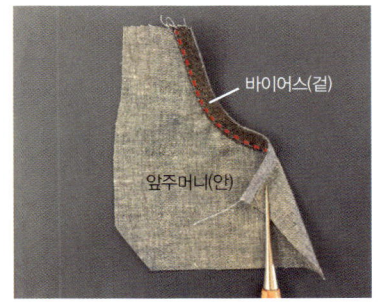

앞주머니의 입구를 인바이어스로 박음질한다.
먼저 앞주머니 겉면에 바이어스 겉면이 맞닿게 포개어 바이어스의 ⅓지점을 박음질한다.

시접의 곡선 부분에 가윗밥을 넣는다.

주머니의 안쪽에서 바이어스로 시접을 감싸게 접어 1mm 안쪽으로 박음질한다.

4, 5, 6

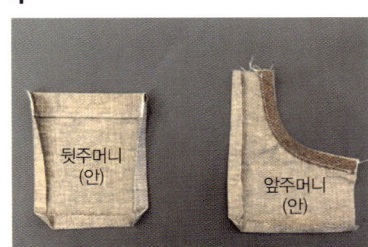  

앞, 뒤주머니의 좌, 우, 밑을 안쪽으로 1cm씩 접어 다림질한다.

바지 앞판 겉면에 앞주머니를, 바지 뒤판 겉면에 뒷주머니를 올려 좌, 우, 밑을 2mm 안쪽으로 박음질하여 달아준다.

바지 앞판과 뒤판의 겉면이 서로 맞닿게 포개어 옆선을 박음질한 후, 시접처리한다.

7, 8, 9

시접을 뒤쪽으로 꺾어 다림질한 후, 겉면에서 2mm 안쪽으로 상침하여 고정한다.

과정7에서 준비한 2장의 바지 원단을 겉면이 맞닿게 포개어 바지 뒤판 밑위를 박음질한 후, 시접처리한다.

바지 앞쪽 밑위를 박음질하고, 시접의 곡선 부분에 가윗밥을 넣은 후, 시접처리한다.

10 시접을 한쪽으로 접어 다림질한 후, 겉면에서 2mm 안쪽으로 상침하여 고정한다.

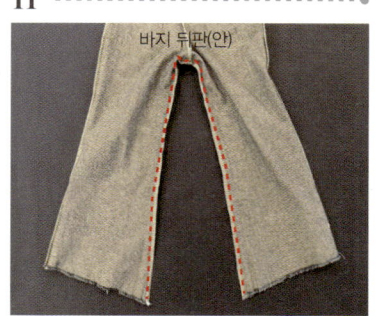

11 바지통을 박음질한 후, 시접처리한다.

12 밑단을 안쪽에서 2cm, 3cm로 두 번 접어 다림질한 후, 박음질한다.

13 허릿단을 겉면이 맞닿게 반으로 접어 트인 부분을 박음질한 후, 가름솔한다.

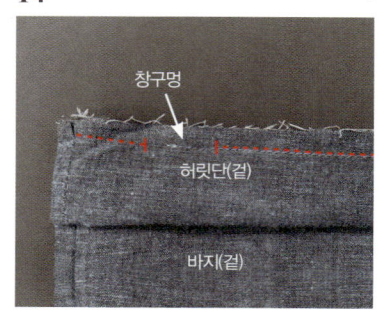

14 허릿단을 안쪽 면이 맞닿게 가로 방향으로 반으로 접어 바지 겉면에 덮어씌워 박음질한다. 이때, 4cm의 창구멍을 남기고 박음질한다.

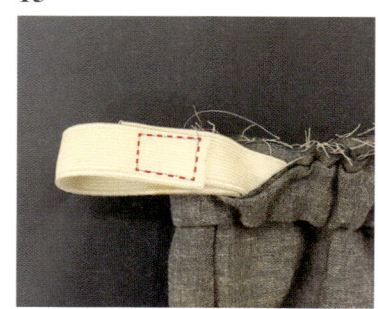

15 아이의 허리에 맞게 고무줄을 끼우고 고무줄 끝을 겹쳐 박아 고정한다.

16 창구멍을 박음질한 후, 허릿단과 몸판 연결선을 시접처리하여 마무리한다.

25
고양이 인형

난이도 ★★★☆☆

준비물 면 또는 광목 원단,
자수실 또는 아크릴 물감, 방울솜
실물크기패턴 B면

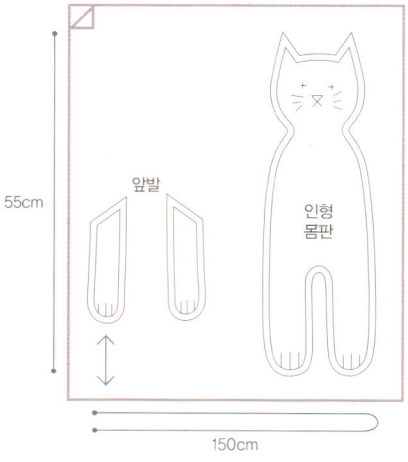

• 표시 외 시접은 1cm

Props 76p

How To Make

1

인형의 몸통 겉면에 눈, 코, 입, 수염과 뒷발, 뒷머리 등을 실로 수를 놓아서 표현한다.

TIP 실이 아닌 아크릴 물감이나 패브릭 물감을 사용하여 그려 넣어도 된다.

2

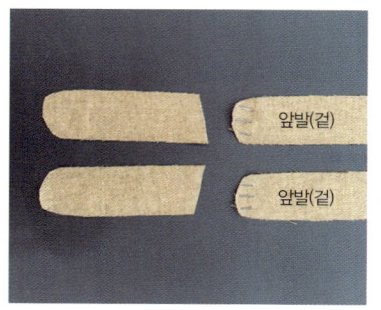

4장의 앞발 원단 중 2장의 겉면에 발가락 모양으로 수를 놓는다.

3

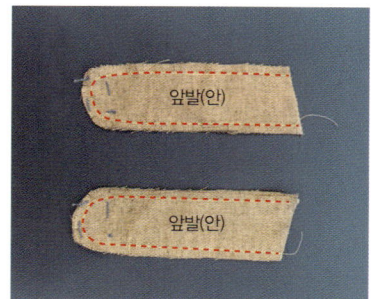

수놓은 앞발과 놓지않은 앞발을 겉면이 맞닿게 포개어 1cm 안쪽으로 박음질한다.

4

앞발을 뒤집어 겉면이 밖으로 향하게 한 후, 방울솜을 채워 넣는다.

5

앞몸판 겉면에 앞발을 올려 자리를 잡은 후, 5mm 안쪽으로 박음질한다.

6

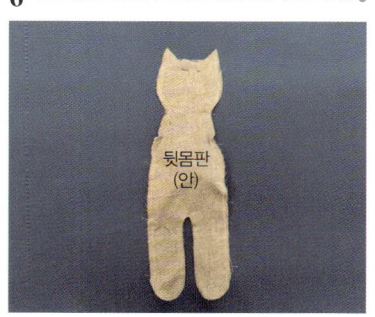

앞몸판과 뒷몸판의 겉면이 맞닿게 포개어 고정한 후, 몸 전체를 7mm 안쪽으로 박음질한다.

7

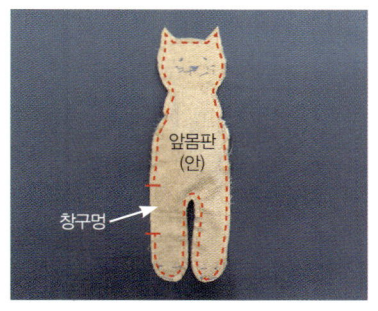

이때, 허벅지 쪽에 6cm의 창구멍을 남기고 박음질한다.

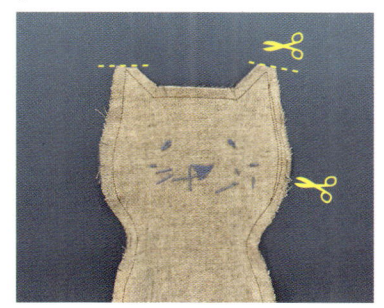

귀 끝 등의 모서리 시접을 잘라내고, 얼굴, 목, 뒷발 등 곡선 부분에 가윗밥을 넣는다.

8

창구멍을 통해 겉면이 밖으로 향하게 뒤집어서 모양을 잡고, 방울솜을 채워 넣는다.

9

창구멍을 손바느질로 감침질하여 완성한다.

26 고양이 원피스

난이도 ★★★☆☆

준비물 면 또는 리넨 원단, 접착심지, 가시도트, 실고무줄
실물크기패턴 B면

재단배치도

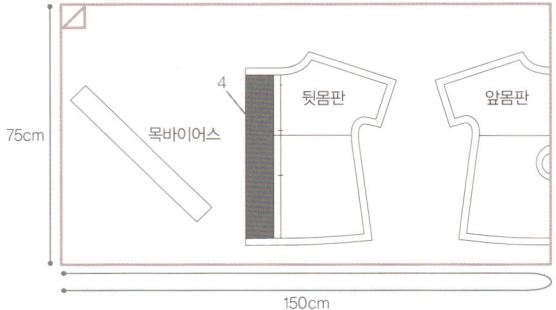

- 표시 외 시접은 1cm
- ▨ 접착심지 붙이는 곳

Props
77p

How To Make

1

뒷몸판의 양쪽 트임 부분 안쪽 면에 4cm 너비의 접착심지를 붙인 후, 1cm, 3cm 로 두 번 접어 다림질한다.

2

앞몸판과 뒷몸판을 겉면이 맞닿게 포개어 어깨선을 박음질한 후, 시접처리한다.

3

몸판을 펼친 후, 소맷단을 지그재그(오버로크)로 시접처리한다.

4

과정1에서 두 번 접었던 뒤트임을 바깥으로 한 번 접어 몸판의 겉면에 바이어스 겉면이 맞닿게 포갠다. 목선을 따라 바이어스의 ⅓지점을 박음질한 후, 시접의 곡선 부분에 가윗밥을 넣는다.

몸판의 안쪽에서 바이어스로 시접을 감싸게 접어 1mm 안쪽으로 박음질한다.
참고. 92p 인바이어스

5

암홀과 옆선을 박음질한 후, 겨드랑이 밑 곡선 부분에 가윗밥을 넣고, 시접처리한다.

6

밑단을 지그재그(오버로크)로 시접처리한 후, 안쪽에서 2cm로 한 번 접어 박음질한다.

7

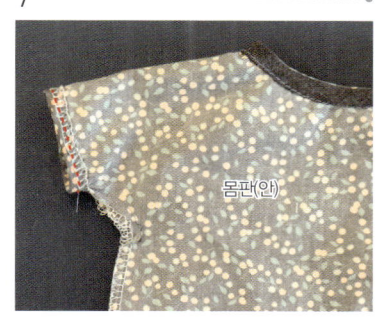

소맷단을 안쪽에서 1cm로 한 번 접어 박음질한다.

8

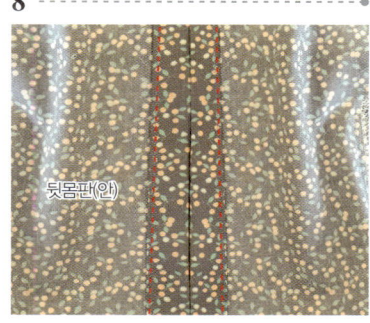

뒤트임의 양쪽 접힌 부분을 2mm 안쪽으로 박음질하여 고정한다.

9

밑실 보빈에 실고무줄을 살짝 당겨 감아 준비한 후, 밑실함에 넣고 몸판의 겉면 고무줄선에 맞춰 박음질한다. 이때, 땀수는 3.5mm로 하고, 되돌아박기는 하지 않는다. 박음질이 끝난 고무줄은 여유 있게 잘라낸다.

10

양쪽 고무줄을 살짝 당겨서 적당한 모양으로 주름잡은 후, 고무줄 양 끝이 풀리지 않도록 묶는다.

11

뒤트임의 단추 위치에 가시도트를 달아 마무리한다.

27
숨숨집

| 난이도 | ★★★★☆ |

준비물 면 30~40수 원단, 바이어스 원단

재단가이드

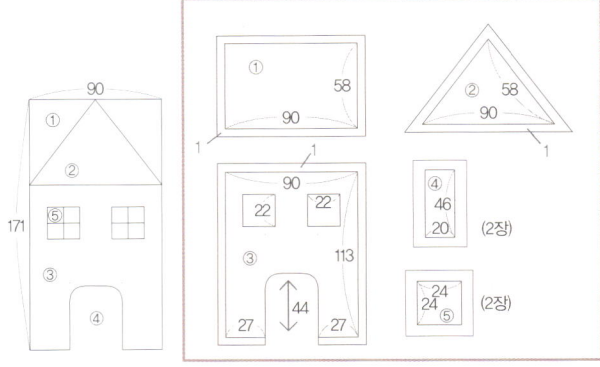

• 표시 외 시접은 2cm

바이어스 재단

재단 구성	창문 테두리	창살	문 테두리
바이어스 크기	98 × 4cm (2장)	26 × 4cm (4장)	120(±10) × 4cm (1장)

How To Make

1

다음 과정과 같이 창문 테두리를 아웃바이어스로 시접처리한다.

창문 테두리 바이어스를 총 4등분으로 접어 다림질하여 준비한다.

창문 위치에 맞추어 사방 22cm를 잘라낸다.

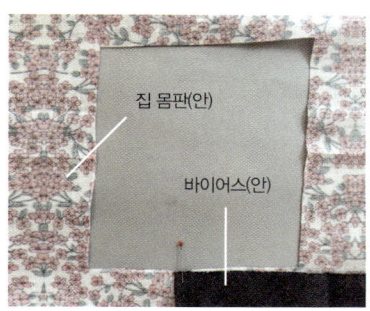

창문 안쪽 면에 바이어스의 겉면이 맞닿게 고정한다. 이때, 바이어스의 시작점을 1cm 안쪽으로 접는다.

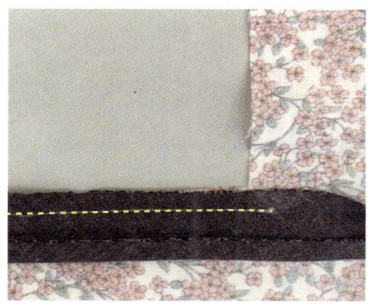

창문을 따라 1cm 안쪽으로 박음질한다. 이때, 모서리는 창문 끝을 1cm 더 지나도록 박음질한 후,

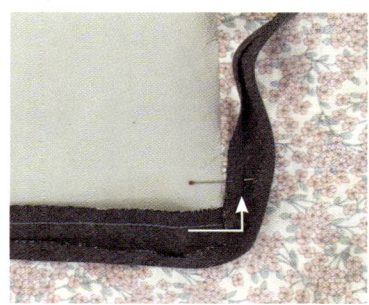

바이어스를 90도 접어 고정하고,

바느질 방향을 바꿔 박음질한다.

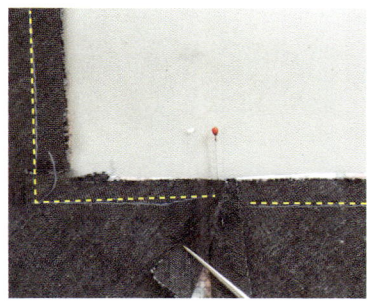

모서리를 모두 둘러 박음질한 후, 끝을 시작점 위로 1cm 겹쳐서 박음질한다.

집 몸판의 겉면에서 바이어스로 시접을 감싸게 접는다.

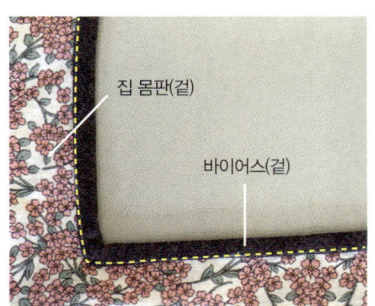

1mm 안쪽으로 상침하여 고정한다.

다음 과정과 같이 창살을 만들어 박음질로 달아준다.

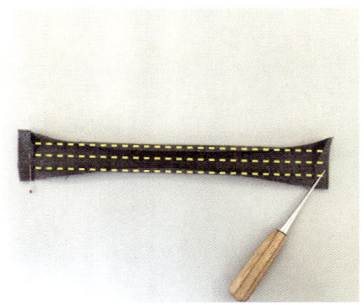

창살이 될 바이어스의 짧은 선 양 끝을 1cm씩 접어 넣은 후, 긴 선은 총 4등분으로 접어 다림질하여 준비한다.

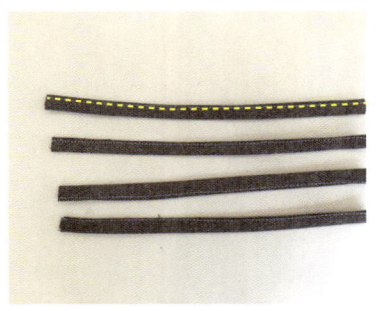

트인 부분을 1mm 안쪽으로 상침하여 고정한다. 4개의 창살을 준비한다.

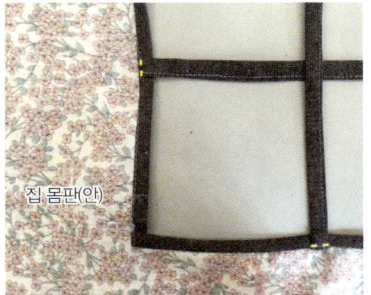

2개의 바이어스를 창살 형태로 교차하여 올리고, 창문 안쪽에서 박음질로 고정한다.

3

다음 과정과 같이 문 테두리를 아웃바이어스로 시접처리한다.

문 테두리 바이어스를 총 4등분으로 접어 다림질하여 준비한다.

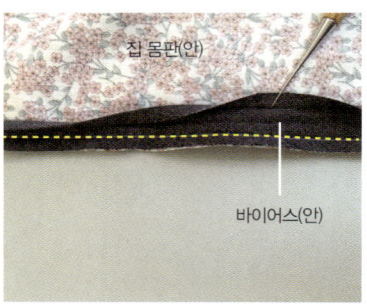

문 안쪽 면에 바이어스의 겉면이 맞닿게 고정한 후, 문 테두리를 따라 1cm 안쪽으로 박음질한다.

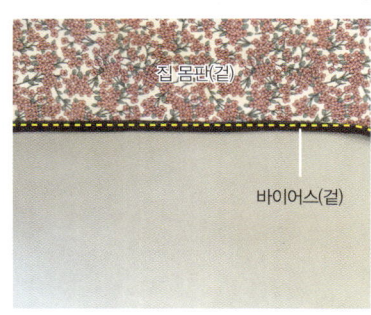

집 몸판의 겉면에서 바이어스로 시접을 감싸게 접어 1mm 안쪽으로 상침한다.

4

문 커튼 2장과 창문 커튼의 사방 테두리를 안쪽에서 1cm, 1cm로 두 번 접어 박음질한다.

5

집 몸판 안쪽 면의 창문 위치에 창문 커튼을 맞춰 올린 후, 윗 부분을 박음질하여 고정한다.

6

집 몸판 안쪽 면의 문 위치에 문 커튼 2장을 박음질하여 고정한다.

7

지붕의 꼭대기 부분 시접 2cm를 접어 다림질한다.

8

지붕 바탕 겉면에 지붕을 올린 후, 2mm 안쪽으로 상침하여 고정한다.

9

지붕을 고정한 지붕 바탕 겉면과 집 몸판의 겉면이 맞닿게 포갠다.

박음질한 후, 시접처리한다.

10

시접을 지붕 쪽으로 꺾어 다림질한 후, 겉면에서 2mm 안쪽으로 상침하여 고정한다.

11

완성된 집 전체의 사방 테두리를 안쪽에서 1cm, 1cm로 두 번 접어 박음질하여 마무리한다.

28
양면 에코백

| 난이도 | ★☆☆☆☆ |

준비물 면 또는 리넨 원단, 장식 아플리케용 펠트지, 접착심지

Props
80p

사이즈별 재단

재단 구성	겉감	안감	가방 끈
원단 크기	22 × 28cm (2장)	22 × 28cm (2장)	8 × 30cm (2장)

• 겉감, 안감은 시접 제외한 재단 사이즈로, 시접은 사방 각 1cm. 가방끈은 시점 포함.

How To Make

1

가방 끈 원단의 안쪽 면 중심선에 맞추어 2.5cm 너비의 접착심지를 붙인 후, 총 4등분으로 접어 다림질한다.

2

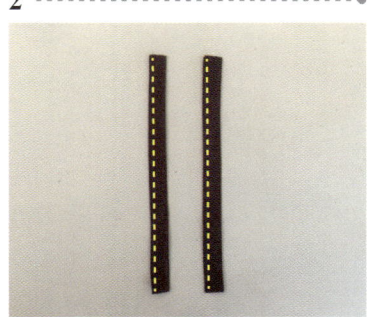

가방 끈 겉면의 트인 쪽을 1mm 안쪽으로 상침하여 준비한다.

3

가방 겉감의 겉면에 아플리케 장식을 박음질로 달아준다. 지그재그 패턴으로 박음질하면 더 견고하게 붙일 수 있다.

4

겉감과 안감을 각각 겉면이 맞닿게 포개어 좌, 우, 밑을 박음질한다. 이때, 안감의 한쪽 옆면에 10cm의 창구멍을 남기고 박음질한다.

5

겉감의 겉면이 밖으로 향하게 한 후, 가방 끈을 적당한 위치에 달아준다. 겉감 입구에 가방끈 끝이 닿도록 두고 5mm 안쪽으로 박음질한다.

6

과정5에서 완성한 겉감을 과정4에서 만든 안감 안으로 넣는다.

7

겉감과 안감의 겉면이 마주하도록 포개어 가방 입구를 서로 맞춘 후, 1cm 안쪽으로 박음질한다.

8

안감의 창구멍을 통해 뒤집은 후, 창구멍을 1mm 안쪽으로 상침한다.

9

겉감 안에 안감을 밀어 넣고 다림질하여 마무리한다.

29
리폼 실내화

난이도 ★☆☆☆☆

준비물 흰색 실내화, 염색 물감, 아크릴 물감, 붓, 데코용 부자재(단추, 폼폼 등)

Props
82p

How To Make

1

흰색 실내화에 염색 물감으로 바탕색을 칠한다.

TIP 염색 물감은 소량의 물에 희석해서 사용하고, 드라이어로 열을 가해 말려준다. 다양한 색을 나눠 칠해도 좋다.

2

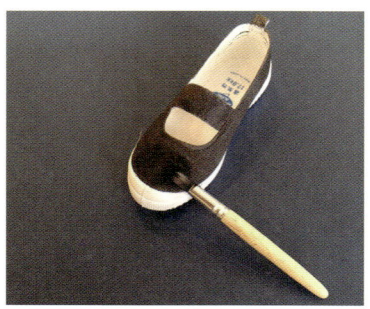

그림을 그리거나, 단추, 폼폼 등의 부자재를 바느질이나 글루건으로 붙여 장식하여 완성한다.

모델 이다연
서울우유, 호반건설, 허쉬키세스,
삼성에어컨 등 CF 다수 출연

황금시간 실용서

손뜨개 인형

러블리니터의 손뜨개 동물인형
최현진
216쪽 | 22,000원

시은맘의 손뜨개 인형
황부연(시은맘)
216쪽 | 20,000원

로빈의 손뜨개 인형
정혜정(로빈)
216쪽 | 18,000원

굴리굴리 프렌즈 손뜨개 인형
문주희(꼼지락걸)
144쪽 | 16,000원

무민 손뜨개 인형
문주희
120쪽 | 14,000원

손뜨개 옷

코코릴리의 레트로 니트
정영경
224쪽 | 22,000원

손뜨개 아이 옷, 메이드 바이 마미
김원
184쪽 | 16,000원

손뜨개 인형 옷

니트로 스타일링하는 사계절 인형옷
공은경(꼼실네),
정영경(코코릴리),
최현진(러블리니터)
228쪽 | 20,000원

니트로 완성하는 인형옷 스타일링
공은경, 정영경
228쪽 | 20,000원

일러스트, 드로잉

vnvnii의 생활한복 캐릭터 일러스트
이다빈
176쪽 | 22,000원

리아나의 지우개 스탬프
김혜인
176쪽 | 13,000원

DIY

   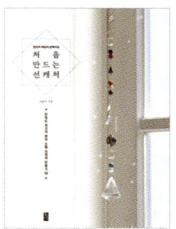 

니들 펠트로 제작하는 고양이 초상화 **"와쿠네코" 만드는 법**	**고양이 니들펠트**	**부쿠의 펀치 니들 소품**	**처음 만드는 선캐처**	**처음 만드는 라탄 소품**
사치 / 112쪽 / 15,000원	히나리 / 96쪽 / 12,000원	아로너 컨노래그 / 164쪽 / 16,000원	프롬루 / 96쪽 / 11,500원	최은지, 김민정 / 168쪽 / 15,000원

요리&디저트

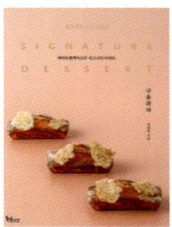 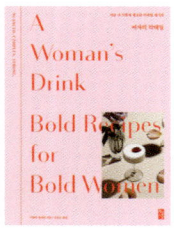 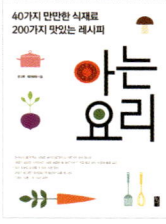 

케이트앤케이크의 시그니처 디저트 구움과자
신성숙
204쪽 | 18,000원

여자의 칵테일
나탈카 뷰리언, 스콧 슈나이더
212쪽 | 22,000원

아는 요리
한그루(한은자), 재미마마(송지현)
320쪽 | 17,500원

휘게 라이프스타일 요리
트리네 하네만
288쪽 | 22,000원

나의 첫 스타우브 레시피
용동희
248쪽 | 14,800원

아토피를 낫게 하는 맛있는 제철 요리
김성준, 권나영
208쪽 | 12,800원

유누쿠레의 빵
유누쿠레
116쪽 | 13,000원

귀여운 아이싱 쿠키 만들기
김민주
152쪽 | 13,800원

손뜨개 코바늘 소품

코바늘로 뜨는 세상 예쁜 수세미
김원, 문주희, 이은진
204쪽 | 17,000원

수작부리기의 코바늘 손뜨개 기초
윤한샘
184쪽 | 15,800원

코바늘로 뜨는 플라워 방석
주부와생활사
80쪽 | 11,000원

코바늘로 쉽게 뜨는 장미 패턴 손뜨개 소품
applemints
96쪽 | 12,000원

지니아의 손뜨개 소품
이은진
112쪽 | 12,000원

액세서리

나의 사계절 액세서리
박두리
144쪽 | 13,000원

매듭 만드는 시간
최민정
176쪽 | 14,500원

스타일을 더하는 매듭 팔찌
조영미
152쪽 | 13,000원

꽃분이 매듭공방의 BEST ITEM 예쁜 매듭 팔찌&소품 만들기
조영미
144쪽 | 13,000원

소잉

수상한 재봉틀의 생활 소품
김영랑
184쪽 | 16,500원

데일리 아이 옷, 메이드 바이 마미
노기 요코
80쪽 | 13,000원

아이 옷, 메이드 바이 마미
양세연
192쪽 | 16,000원

자수

모리타 미우의 색깔 있는 자수 수첩
모리타 미우
100쪽 | 12,000원

멘티의 감성 자수
류성아
216쪽 | 16,000원

홈케어

**하루 10분, 기적의 볼륨업
토세 쿄코의 가슴분수마사지**
토세 쿄코
136쪽 | 13,500원

굿 볼 홈트 - 통증
이동신
208쪽 | 15,000원

굿 볼 홈트 - 얼굴
이동신
156쪽 | 13,000원

굿 볼 홈트 - 몸매
이동신
156쪽 | 13,000원

에세이 · 노하우

**이상한 팀장 밑에서
성공하는 법**
카스파르 프륄리히
292쪽 | 15,000원

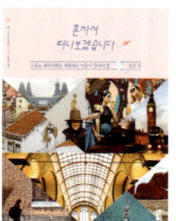

**혼자서
떠나보겠습니다**
벤 그라운드워터
388쪽 | 18,000원

**손맛으로도
먹고삽니다**
박희선, 은유
232쪽 | 14,500원

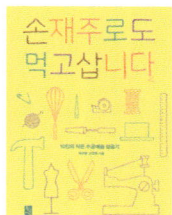

**손재주로도
먹고삽니다**
박은영, 신정원
224쪽 | 14,500원

서핑에 빠지다
(개정판)
이규현
304쪽 | 13,800원

역사 · 문화

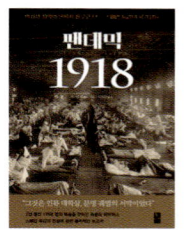

팬데믹 1918
캐서린 아놀드
400쪽 | 18,000원